Passaggi Einaud

www.einaudi.it

ISBN 978-88-06-22709-8

Mauro Gallegati
Acrescita
Per una nuova economia

Einaudi

Indice

Premessa

Ogni cosa è connessa alle altre.
ERVIN LÁSZLÓ

La teoria economica dominante non ha certo provocato la crisi. Ma non ha nemmeno fatto nulla per tirarcene fuori. Avrebbe potuto? E come? Indicandoci la stessa via che ci ha condotto fino a qui?

Ora, e prima, nel 1929.

L'economia che si è imposta sinora è in profonda crisi. Dalle contestazioni degli studenti, alla disaffezione di una parte sempre piú consistente dei professionisti, al perdurare di una crisi che la teoria non contempla, si manifestano sempre piú numerosi i segnali di un collasso imminente. Dalla fisica alla biologia, dalla neurologia alla chimica, un numero in continuo incremento di scienze accorre al capezzale del malato, di quella che era sí considerata la «scienza triste», ma anche la regina delle scienze sociali. Vederla ora ridotta cosí fa male; come fa male, e rabbia, vedere quella disoccupazione di massa che l'economia assiomatica non sa come curare, ostinandosi a prescrivere salassi a un paziente anemico. Continuando di questo passo, bisogna però riconoscerlo, si raggiungerà quell'equilibrio tanto agognato: l'equilibrio che, ci ricordano i biologi, è lo stato tipico di qualunque organismo morto.

Vale la pena di ricordare che un assioma, in epistemologia, è una proposizione assunta come vera. L'insieme degli assiomi rappresenta il presupposto di ogni teoria deduttiva che si presenti come sistema assiomatico (come la religione e l'economia), ma non come una scienza, forte o debole che sia. I modelli dell'economia assiomatica sembrano tutti quadri rinascimentali sulla città ideale. Quello che può apparire buffo è che tali modelli vorrebbero essere utili per capire e muoversi nel mondo reale, piú o meno come girare per le strade di una città sconosciuta usando la mappa di un'utopia urbana. Non bisognerebbe sorprendersi di finire chissà dove, di scoprire che quel che si cerca non c'è perché non essendo *ottimale* non è previsto.

Ovviamente, un modello è solo una rappresentazione della realtà: nessuno vuol girare per la città con una mappa 1:1, ma neanche visitare Lisbona con la pianta di La Plata, né qualsiasi altra città del mondo con la stessa unica mappa.

Cosí funziona invece l'economia dominante oggi. Fornisce una guida inutile per le nostre vite, al meglio incoerente e spesso dannosa.

Non è difficile leggere dichiarazioni di economisti assiomatici che, nonostante la Grande Recessione che stiamo vivendo, continuano indefessi a sostenere che il modello *mainstream* è dominante sia per la logica interna sia perché spiega assai da vicino l'economia vera[1]. Sono affermazioni che hanno precedenti anche nella storia recente. Come quello del soldato «fantasma» giapponese Hiroo Onoda, ritrovato nel 1974 nell'isola di Lubang (Filippine), mentre era ancora impegnato a difendere l'impero del Sol Levante, a quasi trent'anni dalla fine della Seconda guerra mondiale.

Dovremmo uscire dal paradigma, da un'economia che prescinde dalla Natura e dalle leggi della fisica. In questa direzione, cercherò di ribadire che avere come unico obiettivo la crescita del Pil è miope e

[1] Cosí si legge, ad esempio, in un post di un docente italiano che insegna presso una delle piú prestigiose università degli Usa. Un tipico caso di fuga dei cervelli. E vien da chiedersi: che cosa penseranno all'estero di quelli rimasti in Italia?

fuorviante. Una ripresa senza lavoro, *jobless*, chiarisce senza troppi fronzoli i limiti della crescita: in questo caso c'è un aumento del Pil con occupazione invariata. Dovremmo invece entrare nell'ottica della *acrescita*, dovremmo vivere in un mondo che contempli indicatori di benessere (la natura, i tempi e i modi di lavoro e di vita, le relazioni sociali, ad esempio) e dovremmo includere l'economia nella natura e nella società.

Come ha detto Alfred Marshall (1890, p. 1), «le condizioni economiche sono in continua evoluzione, e ogni generazione guarda i suoi problemi a modo suo». Purtroppo, l'economia contemporanea sta ancora affrontando i problemi di oggi con strumenti economici vecchi e logori.

Se continuiamo a usare un vecchio paradigma, non possiamo lamentarci del fatto che l'economia sembri incapace di offrire soluzioni alle crisi.

Ringrazio per le tante osservazioni Mario Amendola, Pier Giorgio Ardeni, Luigi Aquilanti, Andrea Bosco, Claudia Canale, Francesco Chelli, Domenico Delli Gatti, Saul Desiderio, Giovanni Dosi, Giuseppe Fortunato, Claudio Gnesutta, Umberto Gostoli, Alan Kirman, Riccardo Leoni, Riccardo Lucchetti, Giorgio Lunghini, Vidèo Magistrelli, Maurizio Manca, Domenico Parisi, Stefano Perri, Mario Pianta, Fabio Renzi, Fabiola Riccardini, Roberto Romano, Alessandro Sterlacchini e Stefano Zamagni. Sono certo loro i responsabili degli errori rimasti.

I commenti e i consigli dei componenti del gruppo con il quale collaboro (in particolare di Alessandro Caiani, Ermanno Catullo, Federico Giri, Simone Landini, Luca Riccetti e Alberto Russo) hanno di molto migliorato quel che leggete. Pensa com'era prima, si dirà.

Acrescita

a Bruce Greenwald e Joe Stiglitz, amici fantasiosi,
maestri immaginifici e mangiatori fantastici

a Giacomo e Silvia che, piccoletta,
di fronte ai miei «ma quanto son bravi Bruce e Joe»,
obbiettò: «Ma se sono cosí bravi,
perché lavorano con zio Donda e te?»

Capitolo primo

L'economia assiomatica: il piú grande paradigma morente

> Lasciamo perdere il pessimismo, l'insofferenza generale dei giovani, i posti di lavoro, l'instabilità, la gente che non ne può piú, la rabbia, la droga, l'incazzatura, lo spappolamento, il bisogno di sovvertire, il rifiuto, la disperazione... Cerchiamo di essere realisti. Non lasciamoci trarre in inganno dalla realtà.
>
> GIORGIO GABER

Questo lavoro è costruito sull'ipotesi che la crisi sia allo stesso tempo ecologica, economica e della teoria economica. Della crisi climatica io qui non mi occupo (rimando a Klein, 2014). Mi soffermo invece sul perché la crisi sta provocando un profondo ripensamento della teoria economica. La crisi economica ha infatti prodotto una crisi nella macroeconomia. E non tanto perché quest'ultima non è stata in grado di prevedere l'avvento della crisi stessa (eventualità peraltro assai dubbia nelle discipline sociali e complesse), quanto perché una diminuzione cosí violenta non viene neanche immaginata dall'economia dominante, ossessionata com'è dalla camicia di forza dell'equilibrio, a meno che non si voglia considerare una riduzione del 20 per cento della produzione, ad esempio, un sano fenomeno di equilibrio. Come se fosse un medico *specializzato in pazienti sani*: rivolgetevi a lei solo quando le cose vanno (o sembrano andare) bene, cioè quando non avete bisogno di un medico.

La teoria economica oggi dominante è sul punto di fallire perché è debole la sua logica interna e perché è smentita dai fatti. Una condizione simile a quella di quanti vollero analizzare il moto dei pianeti con il modello tolemaico: per spiegare proprietà diverse dello stesso corpo celeste gli studiosi erano costretti a ricorrere ad astruse combinazioni di epicicli ed eccentrici diversi a seconda di dimensioni, velocità o direzione del moto[1]. Sono ipotesi *ad hoc*, introdotte per giustificare matematicamente i dati osservati, cioè per salvare il modello, l'assioma, appunto, che si oppone ai fenomeni. Stupisce poco allora che quella stessa teoria descriva il moto dei pianeti come effetto della spinta degli angeli. Affermazione non scientifica, assiomatica piuttosto. In economia, il passaggio da disciplina assiomatica a disciplina falsificabile è ancora da fare[2]. L'assiomaticità dell'economia standard, fondata sulla razionalità e sulla massimizzazione dell'utilità, sembra disinteressarsi della corrispondenza empirica tra assiomi e realtà, elevando la matematica al ruolo di giudice della bontà della teoria.

In questo capitolo introduttivo si fornisce un quadro all'interno del quale inserire i nostri ragionamenti sull'economia di domani.

Il capitolo II si occupa della crisi dell'economia assiomatica. Crisi e incoerenze note da tempo che la Grande Recessione ha solo fatto riemergere. Al termine del capitolo, presento una modellistica basata su agenti eterogenei interagenti che a me appare come il modello alternativo piú promettente. Seppure ancora in fase di crescita, tali modelli hanno tutte le caratte-

[1] Gli astronomi avevano osservato che alcuni pianeti sembravano muoversi secondo un'orbita irregolare e apparivano ora piú vicini ora piú lontani dalla Terra. Per rendere conto di queste apparenti irregolarità senza venir meno all'assioma della perfetta circolarità di tutti i moti celesti, gli astronomi erano stati costretti a introdurre la teoria degli epicicli. Secondo questa teoria alcuni pianeti non si trovano – direttamente – sulla loro sfera deferente, ma sono fissati su una sfera minore – detta «epiciclo» – che ruota intorno a un centro posto sulla superficie della sfera principale.

[2] Per falsificabilità si intende che una teoria o un'ipotesi ha carattere scientifico solo se può essere smentita dai fatti (Popper, 1935). Nel capitolo II affronto il problema della falsificabilità e della sua incompatibilità con la teoria *mainstream*.

ristiche per divenire una solida e affidabile disciplina sociale. Nel capitolo III mi soffermo su alcune proposte di politica economica che derivano, anche, dal *Modellaccio ad agenti*[3], che tengono conto dei problemi sollevati in questo capitolo e sono logicamente coerenti e costruiti sul comportamento degli individui[4]. Sono le loro interazioni a determinarne dinamica e proprietà emergenti, cosí come le proprietà dell'acqua differiscono da quelle dei suoi costituenti ed emergono dall'interazione di due atomi d'idrogeno con uno di ossigeno. In particolare, propongo tre ricette che un Paese come l'Italia dovrebbe perseguire per uscire dalla crisi, e altre che tutta l'Europa potrebbe adottare per lo stesso motivo e, per prevenire future crisi economiche e ambientali.

Il capitolo IV, prima di suggerire una possibile via d'uscita dal crollo del paradigma *mainstream*, ricorda perché il re è nudo.

Un orologio che segna sempre la stessa ora.

Quando guardiamo all'evoluzione del Pil pro capite del mondo, nel corso degli ultimi duemila anni, un fatto emerge chiaramente: la sua stazionarietà plurisecolare viene interrotta dalla Rivoluzione industriale. L'innovazione cambia il destino dell'umanità. Ci rende progressivamente meno dipendenti dal lavoro, dalla fame e dai bisogni primari. Non per tutti però. Ancora oggi

[3] Siamo ormai usi chiamare *Agent Based Modellaccio* il «modello ad agenti» sviluppato dal nostro gruppo presso l'Università politecnica delle Marche di Ancona, in collaborazione con le Università di Columbia (New York) e di Limerick (Irlanda), all'interno del progetto INET (*Institute for New Economic Thinking*), un po' per vezzo e un po' per ricordo del *Modellaccio* di Giorgio Fuà elaborato negli anni Settanta.

[4] Riprendo anche alcuni spunti che ho pubblicato in *Oltre la siepe* (Gallegati, 2014), sul «manifesto» (Gallegati e Valentini, 2015) e su «Sbilanciamoci.info» anche in relazione al *Workers Act* (2015).

per la maggioranza dell'umanità il salto appare di là da venire. E, potremmo chiederci, verrà mai? È sostenibile il processo di crescita? E si diffonde?

A queste domande ho dedicato un lavoro che mi ha fatto trovare in disaccordo con Domenico Delli Gatti fin dal titolo: *Oltre la siepe* (Gallegati, 2014) per me, *Dietro la fratta* per lui. Il quadro lí delineato è questo: se le risorse non riproducibili sono limitate, anche la crescita lo sarà. In un'economia dove il settore manifatturiero è morente perché le macchine rimpiazzano gli umani (come già avvenuto per l'agricoltura), nuovi bisogni e quindi nuovi lavori vanno inventati perpetuando l'*economia del criceto*, cioè del lavorare di piú per consumare sempre di piú, trascurando le cose piacevoli della vita. Un modo di vivere che persegue l'accumulazione di merci anziché il benessere, il Pil invece del *buen vivir*. Si dovrebbe piuttosto provare a liberare il criceto, aprendo la gabbia per agevolare un cambio di paradigma.

Se si lavora di meno, la domanda può diminuire ma l'offerta può comunque aumentare anche con meno occupati, se la tecnologia continua a divenire sempre piú efficiente. Una sproporzione insostenibile a lungo andare che deve riequilibrarsi, per mezzo della redistribuzione. Dato poi il vincolo delle risorse, non dovrebbe essere difficile immaginare una politica di «rifiuti zero» che tenga conto dell'intero «ciclo di vita» del prodotto o di innovazioni che risparmino l'utilizzo delle risorse non riproducibili, secondo la visione dell'*economia circolare* di Walter Stahel, tra i padri dell'attuale concetto di sostenibilità.

Le innovazioni saranno, lo si desideri o no, sempre piú orientate alla sostenibilità, avendo fin d'ora chiaro che la finitezza delle risorse esauribili pone comunque un limite alla crescita (a meno che non si scopra come violare la termodinamica). La tecnologia non può che rinviare il momento, ma la fine del capitalismo verrà (Ruffolo, 2009; Comin e Speroni, 2012). Certo. Come il ritorno sulle scene di Elvis Presley, obietterebbero gli assiomatici.

Come già detto, la progressiva sostituzione al lavoro di uomini con macchine ci costringe alla carenza di domanda. Ma anche alla continua introduzione di nuovi beni, e quindi di nuovi lavori, e ciò alimenta sia l'offerta sia la domanda. Gli economisti definiscono «innovazione di processo» la prima e «innovazione di prodotto» la seconda. Il confine tra le due è però labile: spesso un prodotto nuovo incorpora miglioramenti nell'efficienza produttiva. Si presentano allora alcuni problemi. Qualcuno acquisterà il prodotto? O la maggiore efficienza produttiva ridurrà la domanda piú dell'offerta? Ci sarà sottoconsumo o sovrapproduzione, o, piuttosto, il mercato equilibrerà domanda e offerta? Anche se quest'ultima ipotesi avvenisse – come nei desideri degli economisti assiomatici ma purtroppo non nella realtà – avremmo una patologia che l'attuale sistema di produzione deve sostenere per sopravvivere. Gli economisti parlano di «non saturazione dei bisogni», che tradotto vuol dire: non esiste un limite ai bisogni, e quindi ai consumi. La domanda è, in principio, infinita. Il che significa che non saremo mai soddisfatti – in *Affluenza*, Hamilton e Denniss (2005) riportano proprio questo caso: nonostante l'aumento del reddito, la percentuale di quanti desidererebbero avere di piú non diminuisce. La «non sazietà» nella fruizione dei beni ci spinge a produrne sempre di piú, ossia ad aumentare infinitamente il Pil. Che però non può crescere all'infinito. Siamo dei criceti, ripeto, ciascuno in ruote proprie, che noi stessi facciamo girare. La non saturazione dei bisogni è una ricetta per rendersi infelici.

Lo sviluppo dell'economia ha plasmato il nostro modo di vivere facendoci passare dalla sopravvivenza all'opulenza. E la nostra vita è profondamente diversa da quella di tre secoli fa perché la tecnologia l'ha trasformata liberandoci da lavori pesanti, ma ci ha anche illuso che avendo a disposizione piú beni saremmo stati piú felici. E poiché beni e servizi che passano attraverso il mercato entrano nel Pil, un aumento di questo equivarrebbe a un aumento del benessere. Produciamo e consumiamo. Noi sulla ruota corriamo inseguendo il denaro, ma il nostro benessere è sempre lontano. Certo, se per vivere, nonostante le macchine, bisogna lavorare per consumare, guadagnare per spendere, non sembra esistere altra via, un altro modo di vivere (si legga, su questo, papa Francesco nell'enciclica *Laudato Si'* del 2015, sulla cura della casa comune).

Viviamo però in un mondo finito, soggetto alle leggi della fisica, seconda legge della termodinamica inclusa. Tutto ciò ci porta a immaginare un futuro dove la società sarà postindustriale, i beni saranno de-materializzati e la civiltà sarà quella della conoscenza. Sarà quindi un futuro di ricerca (anche se, con università piú rigorose, io rischierei il licenziamento).

La creazione di ricchezza non è avvenuta senza costi. Basti pensare che, in conseguenza di tale fenomeno, la perdita di biodiversità è diventata un accadimento drammatico. Se nell'èra preindustriale si stimavano le specie estinte tra lo 0,1 e l'1 su un milione all'anno, dal 1700 si è passati a piú di cento (Wijkman e Rockström, 2014). Con la rivoluzione industriale gli ecosistemi sono divenuti sempre piú fragili. Come ricorda John D. Gould (1972; trad. it. 1975, p. 9),

> l'inquinamento, la distruzione dell'ambiente, la congestione del traffico sono ovviamente il risultato dell'industrializzazione e della

tecnologia moderna e non trovano corrispondenza nella società preindustriale. Esse riuscirono a trovare un miracoloso equilibrio con l'ambiente, bilanciando il consumo presente con la conservazione del futuro con un tale successo che le moderne strutture economiche non sono riuscite nemmeno ad immaginare.

Eppure la scienza, dopo Darwin, è stata chiara: l'uomo è parte della natura e il suo benessere dipende dai beni e dai servizi ricavati dall'interazione con l'ecosistema. Se qualcosa questo ci insegna è che l'economia è connessa alla natura e che nulla è per sempre. Neppure la crescita. Lo sviluppo dipende dalla biodiversità (capitale naturale riproducibile e no) e dal lavoro umano. Cosí quando gli economisti parlano di crescita senza considerare i limiti finiti della terra, cioè della natura, *straparlano* di crescita. L'economia è parte della natura: dovremo ripensare i suoi fondamenti. Non possiamo dimenticarcene solo perché considerare la natura produce un'incoerenza del modello assiomatico. Se la realtà fornisce indicazioni che contraddicono le ipotesi teoriche, io sarei per modificarle. Tuttavia, però, qualcuno preferisce rifiutare la realtà e tenersi il modello. Ma la crescita diventa una trappola evolutiva[5]: senza crescere, il sistema capitalistico imploderebbe, ma la crescita esaurirà le risorse. Avremmo quindi bisogno di un progresso sostenibile (che non deteriori cioè le risorse non riproducibili), o meglio di un'*acrescita sostenibile*.

Di seguito, quando mi riferisco all'aumento quantitativo del Pil parlo di *crescita*; se invece alla crescita si accompagna una maggior produttività (ad esempio il medesimo numero di lavoratori produce piú beni) mi riferisco allo *sviluppo*; quest'ultimo diviene *progresso* nel caso d'introduzione di nuovi prodotti. Per *acrescita*

[5] Per trappole evolutive si intendono scenari in cui un cambiamento ambientale conduce organismi a preferire di stabilirsi in ambienti buoni nel breve periodo, ma letali a lungo andare – come i matrimoni per gli umani. Le trappole si verificano quando l'attrattiva di un habitat aumenta rispetto al suo valore per la sopravvivenza e la riproduzione. Il risultato è una preferenza di un habitat falsamente attraente.

intendo invece che il benessere è multisistemico e che quindi l'aumento del Pil non coglie che uno solo degli elementi del vivere bene.

Ma che fare ora, posto che questo declino sfocerà necessariamente in un cambio di paradigma? Questo libricino vuole individuare le cause di un paradigma rantolante e delineare possibili vie per fuggire dalla crisi.

L'economia è una disciplina sociale, che unisce storia, matematica e sociologia in un contesto complesso fatto di attori diversi l'uno dall'altro e che interagiscono in gran parte al di fuori dei mercati. Qui si palesa il doppio imbroglio: il mercato comprende e aggiusta tutto. Dà un prezzo a tutto, ma non valuta nulla: il Pil è una misura della nostra vita. Ma è sbagliata. Equilibra tutto, eguagliando domanda e offerta: ma come può se molto avviene al di fuori del suo ambito? La domanda se i mercati ci salveranno è quindi, certo, legittima ma sbagliata. L'ecosistema a cui tutti noi apparteniamo non viene considerato, come se il capitale naturale fosse intercambiabile e quindi infinito. Ci vorrebbe un altro paradigma, uno che consideri insieme economia, natura e società.

Nella teoria assiomatica la natura svolge il ruolo di un'esternalità, cioè l'effetto derivante da un'attività su un soggetto non impegnato nell'attività medesima. Per semplificare, se sono l'ILVA e produco inquinando l'ambiente di Taranto, genero un'esternalità negativa che il mercato non può correggere. Eppure, una sorta di *carbon tax* può eliminare tale distorsione. Quando il mercato fallisce, l'intervento di un agente esterno può essere migliorativo (Ciocca e Musu, 2015). Infatti, l'economia del benessere (*Welfare Economics*) ci dice che in presenza di esternalità negative come quelle ambientali la soluzione sta nel considerarle come un costo a carico dell'«inquinatore». Trasformandole in un onere per chi le causa, le esternalità negative cominciano a essere considerate nel processo decisionale. Ciò presuppone che sia possibile monetizzare il danno, ovvero valutare, ad esempio, il costo di uccidere un orso polare con lo scioglimento dei ghiacci dovuto alle emissioni di CO_2 o l'estinzione della capra dei Pirenei. Nella pratica l'idea è stata implementata in diversi modi. I principali sono un'imposta sul prodotto inquinante (ma, di nuovo, come quantificare il reale costo ambientale in termini economici?) e il diritto a inquinare. Il secondo è quello piú di moda negli ultimi decenni, e ne sono un esempio i diritti di emissione di Kyoto. Ovvero, quello che rappresenta uno dei piú fulgidi esempi di come i precetti assiomatici della teoria neoclassica portino a implicazioni di politica economica aberranti da un punto di vista etico e assurde da un punto di vista logico: riconoscere il «diritto a inquinare» come un «diritto di proprietà» che può essere liberamente venduto/comprato ha dato il via a una serie di controversie in cui i Paesi industrializzati fanno a gara per accaparrarsi (spesso con ricatti di natura economica e geopolitica) i diritti di emissione dei Paesi non industrializzati, invece che investire per ridurre le emissioni.

Insomma, con un'esternalità la massimizzazione del singolo profitto non coincide con la massimizzazione del benessere collettivo. Si generano cioè risultati perversi che spingono i singoli a sovra-produrre, incuranti dei limiti che la natura ci pone.

I bambini e i matti immaginano la realtà. E le regine, a volte, pure.

«Perché nessuno ha previsto la crisi?» chiese la regina nel bel mezzo di una discussione sulla Grande Recessione alla London School of Economics. Gli economisti presenti non replicarono. Un po' per rispetto, un po' per l'imbarazzo di non avere una risposta pronta e credibile. Il silenzio turbò i piú sensibili. Altri aspettavano, credendo che il mercato li avrebbe prima o poi illuminati. In fondo Max Planck non si sbagliava di molto sostenendo che «una nuova verità scientifica non trionfa perché i suoi oppositori si convincono e vedono la luce, quanto piuttosto perché alla fine muoiono, e nasce una nuova generazione a cui i nuovi concetti diventano familiari!»

Uno dei piú sagaci trovò infine una risposta: nessuno previde la severità della crisi e il suo scoppio per mancanza di immaginazione collettiva da parte di persone tanto intelligenti.

E, viene da domandarsi: se fossero stati meno intelligenti?

Ma non è stata dimostrata poca immaginazione, invece, nella messe di spiegazioni della causa della crisi che è stata identificata: nelle politiche economiche sbagliate dell'amministrazione Bush Jr (esplosione del debito); nell'abolizione del Glass-Steagall Act[6]; nell'eccessiva fiducia dell'ex presidente della Federal Reserve, Alan Greenspan, nell'efficienza dei mercati; nelle condizioni del credito troppo facili ai prestiti *subprime*; nell'ignoranza finanziaria dei debitori; nel comportamento avido delle banche di investimento e nei loro prestiti predatori al gonfiarsi della bolla immobiliare; nelle sbagliate valutazioni del rischio relativo al boom e al collasso del sistema bancario *shadow* (le intermediazioni al di fuori del sistema bancario); nell'impennata dei prezzi delle materie prime e dell'e-

[6] Le disposizioni della legge bancaria statunitense del 1933 limitavano attività commerciali, scambio di titoli bancari e partecipazioni tra banche commerciali e società di intermediazione mobiliare, ma, nel 1999, il Gramm-Leach-Bliley Act abroga le disposizioni che limitano le partecipazioni tra banche e società di intermediazione.

nergia; nella sempre piú iniqua distribuzione del reddito; nel ruolo delle previsioni economiche (dolosamente errate o meno che siano) delle agenzie di rating; nella crisi alimentare mondiale; nell'inflazione globale. Per concludere con le piú elaborate teorie: dell'aumento degli oneri finanziari; del deterioramento dei bilanci di banche-imprese-famiglie; della crisi come risposta ottimale dell'economia alle nuove preferenze dei lavoratori che prediligono ora l'ozio al lavoro; della crescente disuguaglianza dei redditi in favore dei ricchi che ha fatto diminuire la domanda aggregata.

Il problema reale non sta solo nell'accuratezza della previsione quanto nel fatto che la teoria dominante in economia non contempla una crisi di grandi dimensioni. Insomma, sembra funzionare solo quando tutto va bene. La teoria standard dell'economia presuppone che i mercati siano sempre in equilibrio. Secondo questa visione, i movimenti dei prezzi e delle quantità sono determinati da reazioni ad accadimenti esterni. L'economia se ne starebbe tranquilla e pacifica in una situazione che, in confronto, il Nirvana è solo un Purgatorio, in piena occupazione ed efficienza produttiva e distributiva. Se non fosse per dei disturbi esterni l'economia sarebbe sempre nel *migliore dei mondi possibile*. E comunque, anche se si disturba l'equilibrio, il sistema lí torna. Come Lassie o, piú verosimilmente come vedremo nel capitolo II, come Ludmilla Tokova[7]. Prima o poi. In questa prospettiva, una variazione molto forte deve essere conseguenza di cause altrettanto forti. Ci si aspetta in altre parole un rapporto diretto di causa-effetto tra un dato evento e la sua influenza. Se, come è avvenuto in Italia nel 2009, il Pil

[7] Astronauta russa «fantasma», si dice, persa nello spazio. Il marito, astronauta anche lui, pare dal dolore per averla perduta, si risposò contemporaneamente tre giovani moldave.

diminuisce di quasi 6 punti percentuali, vi dev'essere stata una causa altrettanto forte. E un'altra nel 2012, quando il Pil ridiscende del 2,5 per cento. E una piú piccola nel 2014, a oggi stimata in una flessione dello 0,5 per cento.

Questa visione dell'economia sta però entrando in crisi e si profila una nuova prospettiva secondo la quale i mercati, in certe situazioni, si evolvono spontaneamente verso una situazione instabile nonostante ogni singola persona, impresa o banca agisca nel proprio interesse. Come se *La favola delle api* tornasse nella sua onirica dimensione: una favola appunto, e non una feroce denuncia dei vizi privati dietro le pubbliche virtú. In questo caso, l'evento scatenante diventa irrilevante, mentre il punto chiave è l'identificazione degli elementi d'instabilità intrinseca.

Ciò che il fondamentalismo di mercato assume (non *dimostra*, ma *assume*) è che l'economia sia in equilibrio. Ma perché allora tanta immaginazione limitata? Il limite non risiede nell'immaginazione degli economisti quanto nel paradigma adottato utile solo alla confortante visione di armonia, di equilibrio. Quasi come se, per statuto, ogni patologia venisse esclusa. Questo libretto sostiene che proprio per tale anomalia l'economia è una disciplina in forte crisi. Un paradigma scientifico in crisi, incoerente e non validabile. Come si vedrà nel capitolo II, l'economia assiomatica, poiché asserisce che tutto è possibile, sfugge a qualsiasi verifica scientifica. È come avere una teoria della gravità che prevede che i corpi «cadano a terra», ma che possono pure restare sospesi o schizzare verso l'alto. Senza aspirare ad essere Giordano Bruno, un po' di dubbi questa teoria li pone. Perfino inquietudine, se penso che è questa l'economia che guida le nostre vite, imponendoci una disciplina fiscale che finisce col produrre sofferenze ai disagiati e che rovescia il mondo teorizzando *dall'alto* una contrazione fiscale espansiva o un'economia dall'effetto a cascata e non, invece, *dal basso* come avrebbe senso visto che la propensione al consumo (cioè di quanta parte del reddito viene destinata al consumo) dei poveri è appena piú alta di quella dei ricchi. O crea occupati precari. O salva le banche tassandoci tutti.

La risposta degli economisti non è stata però stupida, a ben vedere. Anzi di fantasia ce ne voleva tanta dato che il modello economico dominante non prevede proprio crisi, ma solo equilibrio. Non sorprende che se siete un economista e vi chiedono della crisi vorreste essere sopraffatti da un'irrefrenabile letargia perché non avete nulla di plausibile da dire.

Il problema, allora, non è il metodo quantitativo in sé, ma quali metodi quantitativi si usano, sulla base di quali teorie. La fisica, ad esempio, pullula di esempi di teorie matematicamente corrette, ma completamente irrilevanti in quanto basate su ipotesi errate: queste teorie portano a risultati contraddetti dagli esperimenti. E se un esperimento è in disaccordo con la teoria non si conclude che questo discredita il metodo quantitativo ma, piuttosto, si ragiona sulle ipotesi su cui è basato il modello e si identificano quali sono quelle sbagliate. E ovviamente si cambia modello: piú del rigore matematico è importante la rilevanza empirica, ovvero il confronto con la realtà. Sarà opportuno tenere a mente che, mentre la fisica è interessata al «come» la realtà funziona, per l'economista è piú rilevante chiedersi «perché», facendo discendere tutto dagli assiomi di partenza.

Sarà difficile uscire da questa crisi utilizzando gli strumenti di politica economica che l'hanno favorita. Si tratta quindi di domandarsi non tanto quando usciremo dalla crisi, ma come saremo una volta fuori. Ovvero come uscire dalla crisi strutturale, e magari dal paradigma, e non solo dalla crisi come fenomeno contingente. È giunto il momento di chiedersi se la cassetta degli strumenti non vada almeno ripensata.

Gli economisti *mainstream* utilizzano sí tecniche matematiche avanzate, ma quelle sbagliate. Ad esempio modellare l'intera economia come se fosse un agente rappresentativo, o medio, moltiplicato per il numero di individui presenti nell'intero sistema economico. E sostenere, magari, che questa operazione consente di microfondare la macroeconomia, cioè di spiegare l'andamento dell'economia aggregata sulla base del comportamento di un singolo agente. Tali microfondazioni possono essere confutate con la semplice logica matematica del teorema Sonnenschein-Mantel-Debreu (SMD) che afferma l'impossibilità di derivare in modo univoco e inequivocabile il comportamento macroeconomico dal comportamento degli individui. Ossia, anche se ipotizziamo che il singolo agente persegua il proprio tornaconto non è affatto detto che l'economia nel complesso lo emuli e lo raggiunga. Il teorema dimostra perché l'economia neoclassica, pur nelle sue varie declinazioni, non può produrre un equilibrio unico e stabile. Tale risultato è dovuto alla presenza dell'effetto ricchezza. Quando il prezzo di un bene varia, si hanno due conseguenze. Il prodotto in questione diventa piú o meno conveniente rispetto agli altri prodotti, e quindi la sua domanda aumenta o diminuisce (effetto sostituzione). D'altra parte la variazione di prezzo influisce anche sulla ricchezza dei consumatori, rendendoli piú o meno ricchi con ricadute sulla loro domanda (effetto ricchezza). I due effetti si manifestano in direzioni opposte, il che significa che piú di un insieme di prezzi può equilibrare tutti i mercati contemporaneamente, salvo il caso che si abbia un solo agente e un solo bene. Da qui il nome del teorema del «tutto è possibile». Coloro che riconoscono la fragilità della costruzione dell'«equilibrio economico generale» sono gli economisti matematici, ai quali non sfugge la rilevanza del teorema. Tutti gli altri, sebbene *ignorantia non est argumentum*, continuano bellamente a utilizzare tale modello come se le obiezioni sollevate dal teorema SMD fossero solo formali. L'edificio è crollato, nelle parole di Alan Kirman (1989), «per una congiura di palazzo»[8].

L'analisi economica assiomatica è di equilibrio, mentre sappiamo dall'evidenza empirica, e dalla ricerca nel campo delle scienze e della matematica, che i sistemi complessi (come l'economia) sono sempre in disequilibrio. Gli assiomatici stanno ancora utilizzando la matematica del XIX secolo per analizzare sistemi complessi, mentre le scienze reali (come la fisica o la chimica) stanno continuamente aggiornando i loro metodi.

Pil «vs» benessere.

Sganciando l'economia dalla natura la crescita tanto invocata diviene una trappola evolutiva, come abbiamo visto. Cioè, rincorriamo il benessere identificandolo con il Pil (e quindi con salari, rendite e profitti), ma se crescere a prescindere dalla natura ci porta a comprometterla, in una sorta di crescita negativa di cui il Pil non tiene conto, non possiamo fare altro che correre, piú o meno infelici, verso il collasso. E non è in questione il *se*, ma il *quando*.

Se avessimo solo capitale riproducibile avremmo la possibilità di aumentare indefinitamente il Pil, compatibilmente con il progresso tecnico e con quello demografico (ovviamente il Pil pro capite, cioè il Pil di un Paese diviso il numero dei suoi abitanti). Sotto tali condizioni possiamo parlare di sviluppo sostenibile.

[8] Salvo dove diversamente indicato in bibliografia, le traduzioni sono mie.

Con capitale non riproducibile, però, il quadro cambia, poiché viene introdotto un limite alla crescita e lo stesso concetto di crescita sostenibile diventa un ossimoro.

Il Pil, cioè il prodotto interno lordo, è una misura di quelle attività economiche alle quali è possibile attribuire un prezzo che il mercato determina. Introdotto dallo statunitense Simon Kuznets nel 1934, il Pil rappresenta il valore dei beni e dei servizi prodotti in un Paese da parte di residenti e non, nel corso di un periodo di tempo, e destinati al consumo dell'acquirente finale, agli investimenti privati e pubblici, alla spesa pubblica e alle esportazioni nette (esportazioni totali meno importazioni totali). Il Pil è un flusso che non considera, però, gli stock, e quindi il consumo delle risorse: si produce impoverendo le risorse naturali, ma la contabilità nazionale ignora il dato; la produzione inquina l'ambiente, ma non ve n'è traccia nel Pil, poiché in esso entrano solo elementi con segno positivo.

Il Pil pro capite viene spesso utilizzato come indicatore del tenore di vita di un Paese, e la crescita economica quindi come un indice di miglioramento dello stesso. È diventata pratica comune giudicare se un Paese sta meglio di un altro sulla base del livello di reddito pro capite. In tal modo, il tasso di crescita del Pil è stato considerato come un indice della salute di un Paese, mentre al massimo può essere considerato come uno degli indicatori dell'economia di un Paese. Quando adottiamo il Pil come misura della nostra vita (Stiglitz, Sen e Fitoussi, 2010), commettiamo una serie di errori. Esistono, infatti, due ordini di problematiche relative al Pil: uno di carattere metodologico; l'altro semantico.

La prima questione coinvolge problemi di misurazione. Nel corso del tempo, infatti, i prezzi delle varie merci variano e il loro valore nominale cresce: c'è inflazione. Inoltre, sempre nel corso del tempo, si introducono continuamente innovazioni di prodotto: le uova sono uova e quelle del 1715 sono, o dovrebbero essere, simili a quelle del 2015, ma alcuni prodotti, come i personal computer, in passato non esistevano, e difficilmente le moderne automobili – Nsu Prinz e Fiat Duna escluse – possono essere paragonate alle carrozze a trazione animale (eppure è questo che facciamo quando compariamo panieri di anni diversi). Ancora. Un'economia sviluppata è basata anche sui servizi (con un ruolo importante per il governo), ma per tale settore la produttività è mal misurata, di solito con la retribuzione oraria. Inoltre, non sappiamo come valutare i prezzi dei servizi non vendibili.

Dunque che cosa misura il Pil? Il Pil rappresenta qualcosa di piú e di diverso rispetto a un indice economico? È in grado di indicarci, seppure rozzamente, il benessere? La mia risposta è negativa: se vogliamo vivere bene non dobbiamo seguire le indicazioni del Pil. Perché non è un indicatore della nostra felicità, come scrisse, a Robert Kennedy, John Kenneth Galbraith (consigliere economico dell'amministrazione di JFK e, prima, di quella di Roosevelt): «Il Pil misura tutto fuorché quello per cui vale la pena di vivere».

In questo senso dobbiamo liberarci dal mito della crescita e imparare che il benessere non è solo materiale, cosí come espresso dal Pil.

Accanto alla revisione dell'idea di Pil come misura *tout court* della nostra vita – e qui sta la seconda questione, quella semantica – si accompagna la ricerca di misure di benessere che dovrebbero consentirci di traghettarci dal «vivere per lavorare e consumare» al *buen vivir*. Il Pil deriva infatti dal mercato che, ogni tanto è utile ricordarselo, costituisce solo una parte della nostra vita. Le motivazioni di coloro che ritengono che il Pil sia una misura, seppur approssimata, del benessere sono in un certo senso circolari in quanto costoro sostengono che esistono una serie di bisogni e che il livello di benessere dipende dalla capacità di soddisfarli attraverso i beni; poiché i bisogni sono esauditi mediante i beni, piú il Pil cresce, piú tali bisogni vengono soddisfatti. È ovvio che c'è molto di piú al di là di questa semplicistica visione del mondo: anche se esiste un insieme di beni primari, nuovi bisogni vengono continuamente aggiunti. Il Pil è un numero, insomma, ma non è neutrale né è valido per ogni stagione, ed è diverso a seconda dei vari Paesi.

Il Pil non è solo un prodotto della statistica, ma ha anche connessioni molto profonde con la teoria della crescita. Essendo ben integrato con la teoria tradizionale, è molto tecnico e formale, senza alcun ancoraggio alle scienze morali (in contrasto con l'approccio della politica economica della scuola classica). Questo equivale a far dire che il Pil è indice «neutro», una pietra di paragone, un risultato naturale del sistema, e dal punto di vista della politica economica ciò significa che un modello si adatta a tutti i Paesi e periodi storici, dal momento che massimizzare i profitti vuol dire massimizzare il Pil, ossia massimizzare il benessere.

Sono passati piú di quarant'anni da quando Richard Easterlin (1974) mise in chiaro che durante l'arco di tutta la vita, la felicità delle persone non è correlata alle variazioni di reddito o di ricchezza (paradosso della felicità). Secondo i suoi risultati, quando il reddito aumenta, anche la felicità umana aumenta, ma fino a un certo livello, oltre il quale inizia a diminuire. Andare oltre il Pil non significa impegnarsi nella costruzione di un indicatore significativo sintetico, ma superare la logica del mercato come un valore di per sé. La misura del benessere non è un problema puramente tecnico, poiché riflette i valori e le preferenze di una società e degli individui che la compongono. Cosí ha poco senso comparare la salute di un'economia utilizzando un solo indicatore: le raccomandazioni della Commissione Sarkozy (Stiglitz, Sen e Fitoussi, 2010) suggeriscono di andare nella direzione di piú indicatori di progresso sociale.

I contributi provenienti da discipline molto diverse ci mostrano il valore della diversità e dell'eterogeneità. In economia, significa che la massimizzazione di un singolo aspetto della vita umana (ad esempio il patrimonio o il reddito) nasce dall'idea che la ricchezza materiale è in grado di fornire sempre piú benessere. Ma quando si calcola il Pil, non si considerano gli effetti che la crescita economica infligge all'ambiente né il fatto che gli ecosistemi non ci forniscono servizi in maniera gratuita, ma servizi che poi, con un costo, cerchiamo di ripristinare. Non si tiene conto che tali servizi, che non hanno un prezzo di mercato, che non sono negoziabili e che non vengono conteggiati nel Pil, provocano una perdita netta per le generazioni future (e spesso anche per le attuali). Questi servizi – la regolazione del clima e dei gas atmosferici, la decomposizione e l'assorbimento dei rifiuti, il controllo delle inondazioni, la formazione del suolo, l'impollinazione – hanno un valore inestimabile e in nessun modo potrebbero essere sostituiti se fossero degradati o distrutti in modo irreversibile. Quindi, quando ci concentriamo solo sul Pil, guardiamo in modo distratto alla perdita di biodiversità (la crescita esponenziale della popolazione e dei consumi si sta avvicinando a un collasso ecologico che causerà estinzioni molto veloci, estinzioni di massa a tassi cento volte superiori di quelli «normali»), alla deforestazione e ai conseguenti effetti sul suolo (erosione, instabilità geomorfologica, desertificazione, salinizzazione ecc.), sull'atmosfera (regolazione del clima a scale diverse) e sulle comunità umane (migrazione di massa a causa della desertificazione).

È alla luce di tutto questo che una riflessione sull'attuale modello di sviluppo è quantomeno urgente. Quello di cui abbiamo bisogno è un sistema in grado di garantire un livello di reddito di base per l'attuale generazione, che non intacchi quello delle prossime (Di Tella, MacCulloch e Oswald, 2003).

È il momento di riepilogare quanto fin qui sostenuto.

Gli economisti sono soliti attribuire ad Arthur Cecil Pigou, il fondatore dell'economia del benessere, l'identificazione tra benessere e produzione di merci e servizi di un Paese. L'operazione non è però neutrale, nel senso che adottare il Pil come misura della nostra vita ha conseguenze. Se il Pil misurasse davvero il nostro benessere, allora ecco che produrre sempre di piú ci renderebbe piú felici: piú lavoro, piú guadagno e piú merci posso comperare e godere (se mi resta del tempo per farlo).

Quali sono le prospettive che abbiamo o che ci dobbiamo inventare per uscire da questa situazione di avvitamento dell'attuale sistema economico? Io credo che sia assolutamente necessario un ripensamento degli obiettivi del governo.

Il lento deteriorarsi delle prospettive di crescita si traduce in un malessere delle società capitalistiche che riguarda strati sempre piú consistenti di popolazione, con un marcato squilibrio fra le generazioni. Questi aspetti divengono sempre piú evidenti e la crisi economica e finanziaria globale può essere letta come crisi del modo di vivere, cioè di produrre per consumare, del consumo per giustificare altra produzione da consumare, e cosí via. Poiché col tempo diventano sempre piú stringenti i limiti per l'ulteriore crescita della produzione, l'insostenibilità di una crescita infinita delle attività economiche determina il default delle economie e delle imprese piú deboli.

The Population Bomb (Ehrlich, 1968) e *The Limits to Growth* (Meadows, Meadows, Randers e Behrens,

1972) – il rapporto sui «limiti della crescita» commissionato dal Club di Roma al Massachusetts Institute of Technology oltre quarant'anni fa – enfatizzano come il rapido sfruttamento delle risorse possa portare a un loro collasso sistemico e, in ultima analisi, del nostro pianeta (nelle visioni piú cupe lo scenario si accompagna a una fame crescente e diffusa, a guerre per il controllo delle restanti risorse). L'impronta ecologica sembra confermare tale preoccupazione quando rileva che stiamo consumando risorse naturali a un ritmo molto piú rapido di quello in cui si rigenerano.

Tuttavia, la crescita dell'economia è possibile solo grazie a un consumo crescente delle risorse, poiché non si può produrre beni senza input di risorse (rinnovabili e no) e di energia. *The Limits to Growth*, in particolare, dimostra che la crescita perpetua del consumo di risorse non rinnovabili è impossibile. Se le riserve oggi note di minerali ed energia fossero moltiplicate per cinque (per via di nuove scoperte e nuove tecnologie), la natura esponenziale della crescita porterebbe all'esaurimento di gran parte delle risorse in meno di un secolo circa ai tassi attuali di crescita del consumo. Se la quantità di risorse estraibili non è infinita, resta il fatto matematico fondamentale che la crescita del consumo non può continuare per sempre[9].

Il concetto di sviluppo è stato allargato a dimensioni metaeconomiche[10]. La crescita economica non è allora una condizione sufficiente di sviluppo.

[9] Gli effetti ambientali ed ecologici della crescita economica, in particolare quelli delle attività minerarie, agricole, forestali e industriali, suscitano preoccupazioni diffuse. Molti studiosi ritengono che gli effetti sostenuti sull'ambiente possono avere ripercussioni irreparabili sull'intero ecosistema.

[10] Ad esempio, nell'*Human Development Index* dell'Onu, composto da reddito pro capite, speranza di vita e scolarizzazione; o nel *Benessere Equo e Sostenibile* di Cnel e Istat, un indice che considera 12 domini: salute; istruzione e formazione; lavoro e conciliazione tempi di vita; benessere economico; relazioni sociali; politica e istituzioni; sicurezza; benessere soggettivo; paesaggio e patrimonio culturale; ambiente; ricerca e innovazione; qualità dei servizi.

Ardeni (2014) ci ricorda che esistono quattro principali critiche mosse alla crescita, poiché:

1. ha effetti negativi sulla qualità della vita, e molte delle cose che hanno tale effetto non passano attraverso il mercato (è il caso dell'ambiente naturale);
2. incoraggia bisogni artificiali e genera una sorta di preferenza per la crescita stessa, come il bisogno di beni e servizi sempre nuovi: i bisogni sono indotti e i consumatori sono divenuti servi, non padroni, dell'economia;
3. consuma risorse: l'argomentazione è simile a quella di Malthus e non si considera che la crescita porta rapidamente allo sfruttamento di risorse non rinnovabili;
4. non conduce a una migliore distribuzione del reddito (Piketty, 2013).

Nei prossimi capitoli parlerò della crisi dell'economia e dell'economia della crisi. La crisi economica è anche una crisi della teoria, infatti. Come si è detto, quest'ultima non ha probabilmente provocato la crisi, ma neanche ha aiutato a capirla, non dico a prevederla, ingabbiata nella sua incredibile visione dove tutto è in equilibrio nel migliore dei mondi possibile. E quello che è contraddetto dalla realtà a riguardo del comportamento della singola impresa, lavoratore o banca, come può esser vero a livello di settori produttivi o di Paesi? La crisi non c'è né può esistere perché tutto è equilibrato[11], garantisce la teoria macroeconomica. Basta che si persegua l'interesse privato e questo verrà esteso al bene comune. E c'è di piú. Il mercato sa trasformare i vizi privati in pubbliche virtú, *sotto alcune condizioni*.

[11] Come profeticamente ricordava Lucas (2003, p. 1), «la macroeconomia tradizionale ha avuto successo: il suo problema centrale, quello della prevenzione delle depressioni, è stato risolto a tutti gli effetti pratici». E tra i *mainstreamers*, dei quali non riporto per umana *pietas* il nome, non manca chi pur di difendere il libero mercato si consola pensando agli anni di boom economico (*anche se l'ambiente è a rischio e la nostra felicità non è aumentata*): ora è dura, ma negli anni Sessanta stavamo bene e siamo cresciuti nel secondo dopoguerra proprio grazie al mercato.

Peccato che quelle stesse condizioni siano logicamente contradditorie e non siano contemplabili innovazioni endogene (non piovute dal cielo, insomma), cioè del motore ultimo dell'economia cosí come la conosciamo dalla rivoluzione industriale. Il *corpus* teorico oggi dominante potrebbe, al piú, de-scrivere l'economia precedente la rivoluzione industriale, non quella di oggi.

L'economia è trattata come indipendente dalla natura. Come se il capitale naturale fosse infinito, ossia *riproducibile*, come una foresta, e non *non riproducibile*, come una miniera.

Nel primo caso si potrebbe parlare di *sviluppo sostenibile* e di scomparsa dello stato stazionario: l'innovazione consente alla produzione di aumentare a parità di input. Nel secondo caso, invece, se il capitale è non riproducibile, il concetto di sostenibilità diventa un ossimoro. L'innovazione che risparmi risorse non riproducibili può rinviare la fine dell'economia materiale. Con ciò intendo un'economia svincolata dalle risorse fisiche e basata sull'apprendimento.

Oltre il Pil c'è la natura. E nella ricchezza, ci dicono gli economisti assiomatici, non deve né può essere considerata la Natura perché cosí facendo si tiene conto dell'esternalità, cioè una condizione *mortale* per tale teoria. Ma se ci basiamo sul Pil che prescinde dalla Natura, assumiamo un atteggiamento predatorio e, come ci ricorda il filosofo e storico della scienza Paolo Rossi (1987, p. 89), «la filosofia del dominio rischia di cancellare la natura e con essa, ovviamente, anche l'uomo».

La riflessione sulla crisi (che, occorre ricordarlo, è al tempo stesso economica e ambientale) si dipana dunque, necessariamente, in due parti: la crisi della teoria economica e la crisi dell'economia. Indicherò delle possibili vie d'uscita a questa *impasse* nei prossimi capitoli.

Capitolo secondo
La crisi dell'economia

La crisi economica è una crisi della teoria economica.
ALAN KIRMAN

Quando è arrivata la crisi, i gravi limiti dei modelli economici e finanziari esistenti sono diventati immediatamente evidenti. La speculazione scoppiò in molti mercati, alcuni di questi sembravano congelati e gli operatori furono presi dal panico. I modelli macro non sono riusciti a prevedere la crisi e sembravano incapaci di spiegare cosa stava accadendo nell'economia in maniera convincente. Come policy maker durante la crisi, ho trovato i modelli disponibili di aiuto limitato. In effetti, vorrei andare oltre: di fronte alla crisi, ci siamo sentiti abbandonati dagli strumenti convenzionali.
JEAN-PAUL TRICHET

L'economia naviga, dunque, in cattive acque. E, anche se esiste un approccio *mainstream*, la solidità teorica e la capacità di spiegare l'evidenza empirica di quest'ultimo sono evidentemente sempre piú fragili e messe in discussione. La teoria economica insegnata in quasi tutte le università del mondo è assiomatica e sembra inadeguata a spiegare il mondo reale. Il che, però, non ci mette al riparo dal diluvio di suggerimenti e consigli di politica economica degli stessi assiomatici.

Il modello teorico standard viene messo in discussione da una crisi che si trascina da oltre otto anni. Gli studenti hanno già iniziato a contestare ciò che viene loro insegnato e gli spazi dell'area Business fagocitano quelli di Economia in moltissime facoltà. Del resto sono obbligati a studiare una teoria che esclude la possibilità di bancarotte nel mondo perfetto degli economisti d'acqua dolce (non che quelli d'acqua salata siano molto migliori)[1].

[1] La distinzione tra economisti d'acqua dolce (Chicago) e di acqua salata

In scienza si usa dire che i modelli devono essere coerenti esternamente e internamente. Per coerenza esterna si fa riferimento alla compatibilità dei dati con le previsioni del modello. Con coerenza interna ci si riferisce invece alla non contraddittorietà tra le ipotesi e i conseguenti teoremi.

L'economia *mainstream* si è preoccupata, senza successo, peraltro, della sola coerenza interna, cioè che le premesse fossero coerenti con le conclusioni, ma l'esito a cui è giunta non corrisponde a quanto sperato: il libero mercato garantisce l'esistenza di un equilibrio efficiente, ma non la sua unicità né la sua stabilità. Potremmo, ad esempio, ritrovarci di fronte al passaggio da un equilibrio a un altro equilibrio: due equilibri ma con disoccupazione diversa, una alta e una bassa. Se volessimo aumentare l'occupazione, in mancanza di stabilità nulla garantisce che il nuovo equilibrio sarà mantenuto.

In piú non c'è nemmeno coerenza esterna: l'evidenza empirica contraddice spesso la teoria. Il modello prescrive che si arrivi a un equilibrio e che questo sia *unico*, da qualsiasi punto di partenza si inizi (ci si aspetta cioè che il Bangladesh raggiungerà il Pil pro capite del Giappone, e che non fa alcuna differenza quanti altri si sono già sviluppati e quando), e *stabile* (si assume che quando si è innamorati non ci sono ragioni per lasciarsi...) Purtroppo come vedremo quel mitico punto di equilibrio non è né unico né stabile.

Viene da domandarsi: perché una teoria dove «tutto è possibile» (ma senza stabilità ogni tentativo di migliorare il proprio stato è inutile), avulsa dalla realtà («l'osservazione dei fatti senza la teoria è divenuta l'attività principale

(Boston e California) si deve a Robert Hall (1976): per tutti vale la teoria *mainstream*, ma mentre per i primi i mercati sono perfetti, per i secondi qualche imperfezione c'è. Inoltre, per quelli d'acqua dolce le fluttuazioni del reddito sono dovute all'offerta e la politica economica è inefficace nel combatterle, mentre per quelli d'acqua salata la causa delle stesse va individuata nella domanda e la politica economica può essere efficace.

degli economisti», come dice Bergmann, 2007, p. 2) e assiomatica (come una religione) resiste cosí, a prescindere? Inerzia, pigrizia mentale, convenienze e collusioni, forse. Però anche il sistema copernicano è riuscito a soppiantare quello tolemaico dopo secoli. O magari perché il messaggio che ne viene è di tranquillità: il mercato, come la Provvidenza, aggiusta tutto. E quindi l'unica possibilità è non far nulla, non cambiare niente: i consumatori e i produttori di merci con il benestare della loro coscienza letargica non contemplano proprio l'ipotesi di cambiare le *leggi dell'economia*. Che queste ultime, peraltro, non esistano, lo vedremo piú avanti.

Sembrerebbe un *curiosum* della storia della scienza. E non avrebbe conseguenze pratiche come la legge di Parson sui passaporti (*nessuno è veramente mai brutto come nella foto del passaporto*), se l'economia non permeasse la nostra vita. Come? Supponiamo ad esempio che il modello ci suggerisse di flessibilizzare gli impieghi per aumentare produzione e occupazione. Di avvicinare i lavoratori al capitale fisico considerandoli solo come fornitori di un servizio o come merce-lavoro, incrementando indiscriminatamente le forze lavoro inumane: si produrrà di piú e senza costi, ma a chi si vende il prodotto? Ai robot o alle bestie da soma? Ve l'immaginate un somaro che in pausa lavoro ordina un Bellini o chiede una copia di *Emergent Macroeconomics*? E una politica economica che vada bene sempre e per tutti, indiscriminatamente, ve la immaginate?

La speranza degli economisti *mainstream* era quella di dimostrare che quell'equilibrio fosse anche desiderabile e non migliorabile da interventi esterni. Rimane un pio desiderio, purtroppo. Il mondo sognato dall'ortodossia è un mondo dove «tutto è possibile» e quindi nulla è vero: «Il futuro che ci mostra il sogno non è quello che accadrà, ma quello che vorremmo accadesse», scriveva Freud.

È come se il pensiero economico dominante fosse rimasto intrappolato nella fisica del XVII secolo e non riuscisse ancora a liberarsi da questo abbraccio mortale. La storia della scienza in futuro, guardando ai nostri giorni, paragonerà la situazione della teoria economica di oggi all'astronomia dei tempi di Galileo, quando l'ortodossia tolemaica sopravviveva boccheggiante solo grazie alla tortura. Gramsci ricorda che la crisi arriva quando «il vecchio muore e il nuovo non può nascere: in questo interregno si verificano i fenomeni morbosi piú svariati».

Analizziamo quindi quali sono le ragioni della crisi del modello morente ma dominante e qual è il piú promettente tra i nuovi.

L'economia «ad usum delphini», anche se siamo criceti.

Nelle parole di uno dei teorici di punta del *mainstream*, Olivier J. Blanchard, oggi capo economista del Fondo monetario internazionale, il modello dominante *New Keynesian* DSGE (*Dynamic Stochastic General Equilibrium Models*, ovvero la nuova economia keynesiana basata su modelli dinamici e stocastici, cioè casuali, di equilibrio economico generale) è «semplice e analiticamente conveniente e ha sostituito il modello IS-LM[2]

[2] Nel 1936 John Maynard Keynes pubblica la *Teoria generale dell'occupazione, dell'interesse e della moneta* che fonda la macroeconomia (e domina la scena fino al luglio 1971, quando gli accordi di Bretton Woods, siglati durante la Seconda guerra mondiale, collassano: è la fine della convertibilità dollaro-oro). Nel 1937 John Richard Hicks recensisce la *Teoria generale* formalizzando il sistema keynesiano attraverso l'elaborazione di un modello che considera congiuntamente gli aspetti reali e quelli monetari (la dicotomia tra parte reale e monetaria è approfondita piú avanti in questo volume). Hicks elabora due semplici relazioni tra reddito e tasso d'interesse, IS-LM (*Investment-Saving* e *Liquidity-Money*, ossia, investimento-risparmio e liquidità-moneta). Le curve IS-LM o della sintesi neoclassica-keynesiana sono disegnate a prezzi fissi. Per arrivare alla *New Keynesian* DSGE di cui parla Blanchard, lo schema è stato arricchito dalle curve AD-AS (*Aggregate Supply* e *Aggregate Demand*, ossia domanda aggregata e offerta aggregata) che tengono conto anche dell'inflazione.

come modello base di economia nei corsi di laurea» (Blanchard, 2008, p. 9). Poco dopo egli ammette che però le prime due equazioni del nuovo modello sono palesemente false. In particolare:

– l'equazione di domanda aggregata, cioè la domanda di beni e di servizi di un sistema economico nel suo complesso, in un certo periodo di tempo, ignora l'esistenza degli investimenti[3];

– la stessa equazione di domanda aggregata si basa su un effetto di sostituzione intertemporale in risposta al tasso d'interesse che è difficile da rilevare nella realtà[4];

– l'equazione dell'inflazione implica infine un comportamento da parte degli individui, o gli agenti, perfettamente lungimirante, che appare in contrasto con i dati.

Tali modelli rimangono tutti nell'alveo dell'economia *mainstream* con la differenza che stavolta, anziché cercare un punto fisso di equilibrio, viene studiato un sentiero di equilibrio, indagando cioè come l'economia evolve nel tempo, colpita continuamente da disturbi esterni (variazioni della quantità di moneta, innovazioni, cambiamenti di gusti e preferenze).

[3] Quasi tutti i modelli DSGE precrisi non avevano tale equazione. Dopo la Grande Recessione altri epicicli (con banche, moneta e mercati finanziari) sono stati aggiunti, per salvaguardare l'impianto teorico che continua a soffrire le disarmanti conseguenze del teorema SMD (cioè, ricordiamolo, quello che afferma che è impossibile derivare in modo inequivocabile il comportamento macroeconomico dal comportamento degli individui) e la riottosità della realtà che si ostina a non conformarsi a ciò che la teorizzazione assiomatica prescrive.

[4] L'elasticità intertemporale di sostituzione misura la reattività del tasso di crescita dei consumi al tasso d'interesse reale. Se il tasso reale aumenta, è possibile che il consumo futuro aumenti a causa di una maggiore remunerazione del risparmio; ma il consumo futuro potrebbe anche diminuire perché il risparmiatore può decidere invece di consumare di meno ora dato che prevede di ottenere un maggiore rendimento su quello che risparmia (cioè che non consuma). L'effetto netto sul consumo futuro è l'elasticità di sostituzione intertemporale. E per avere valori realistici ipotetici del tasso d'interesse i DSGE sono obbligati ad assumere (cioè considerare come dati) valori della preferenza intertemporale che voi umani neanche immaginate. Per intenderci: si accetta come plausibile che se a una donna venisse offerto di scegliere tra una cena romantica con me ora e una con George Clooney tra quattro secondi, lei sceglierebbe la prima soluzione perché l'attesa è troppo lunga…

Il passaggio dalla statica alla dinamica, come c'era da aspettarsi, non risolve nessuno dei problemi evidenziati dal teorema SMD: se con l'approccio statico i punti di equilibrio erano troppi e instabili, con quello dinamico avviene lo stesso per i sentieri. Tutti instabili tranne uno, molto particolare: *equilibrio di sella* è chiamato in matematica, un'espressione icastica che rende bene l'idea di quanto basti davvero poco, un piccolo disturbo esterno, per far perdere l'equilibrio, come può capitare a un cavallerizzo maldestro in sella. Questo avviene perché il valore tempo (la dinamica) va in crisi e collassa fin dal momento iniziale, quando il futuro è già deciso da parte di agenti che conoscono tutto, e quindi anche il futuro. Come nei modelli di equilibrio generale, i DSGE mirano a descrivere il comportamento dell'economia nel suo complesso analizzando l'interazione nel mercato da parte di molti agenti. E proprio come nei modelli di equilibrio generale, occorre definire i gusti e i vincoli degli agenti in modo che questi siano in grado di ottenere il massimo risultato con il minimo sforzo. In poche parole, il modello DSGE punta a rappresentare un'economia composta da agenti, quali le famiglie e le imprese, come paradigmi economici, come se fossero *medi*, cosí che, ad esempio, analizzando il comportamento di acquisto di una famiglia media italiana, si possa plausibilmente ottenere la spesa per consumi dell'Italia intera. Una famiglia media, direbbe un economista, massimizza una funzione di utilità soggetta a un vincolo di bilancio. Vale a dire: le famiglie decidono quanto consumare, risparmiare e lavorare in base alla soluzione del problema di raggiungere la loro massima *utilità attesa*, compatibilmente con il loro bilancio. Tutto ciò richiede che i singoli agenti (cioè le famiglie e le imprese) abbiano aspettative anche sulle aspettative del futuro di tutti gli altri agenti (cioè tutte le altre famiglie e tutte le altre imprese). Come da tradizione *mainstream* tali aspettative sono razionali, cioè si assume che tali agenti abbiano una conoscenza completa del vero modello dell'economia e siano quindi in grado di valutare le conseguenze di *shock* (quello che succede se i prezzi del petrolio crollano improvvisamente, ad esempio). Tutto ciò premesso, non sorprende che N. Gregory Mankiw, considerato uno dei fondatori della *New Keynesian* DSGE, abbia recentemente sostenuto che «tali modelli hanno avuto poco impatto sulla pratica macroeconomica».

La conclusione di Blanchard (non di un Gallegati qualsiasi), alla luce di tutto ciò, è che comunque lo stato della macroeconomia è buono. Immaginarsi se fosse stato cattivo...

Grazie al teorema SMD possiamo sostenere che qualsiasi modello si basi sul comportamento ottimizzante di tipo walrasiano (cioè descritto da Léon Walras, di cui parlerò tra un attimo) è fondato sulla sabbia poiché non esiste nessuna condizione che garantisca l'unicità e la stabilità del punto di equilibrio e men che meno del sentiero dinamico.

Le radici di questa *impasse* sono lontane. Quando la società inizia a trasformarsi a seguito della rivoluzione tecnologica, compare la figura di un nuovo scienziato sociale: l'economista. Che poi tanto scienziato non è. Oltre a mancargli gli strumenti – cosa del tutto comprensibile essendo la disciplina nuova –, difetta di verifiche empiriche che renderebbero falsificabili le ipotesi. Tra le possibili strade alternative, imboccate da altre discipline, dalla biologia alla sociologia, l'economia sceglie di adottare il modello della scienza regina: la fisica. Ma, come vedremo piú avanti, della fisica verrà adottato solo lo strumento matematico e non quello della verificabilità delle ipotesi (da cui la deriva assiomatica e la non falsificabilità delle stesse).

Le cause della situazione attuale risalgono dunque

alla metà del XVIII secolo, quando alcune delle economie occidentali sono state trasformate dal progresso tecnologico che ha portato alla Rivoluzione industriale. Questo avveniva un secolo dopo Newton e il totale rivolgimento avvenuto nella fisica: dalla piccola mela agli enormi pianeti, tutti gli oggetti sembravano obbedire alla semplice legge di gravitazione. Fu quindi naturale per una nuova figura di scienziato sociale, l'economista, prendere in prestito il linguaggio (la forma) della scienza di maggior successo, la fisica. È da allora che la fisica meccanica del XVII secolo governa l'economia. Cosí, se nel capitolo finale della sua *Teoria generale* Keynes scrisse di politici schiavi di teorie economiche superate, a loro volta gli stessi economisti sono tuttora schiavi della fisica di Newton. Con qualche appendice: nel 1803, Louis Poinsot, un fisico francese, pubblica un libro di grande successo, *Éléments de Statique*, destinato ad avere influenze pratiche e sociali ben oltre quelle che l'autore avesse mai immaginato. Questa influenza è dovuta essenzialmente al lavoro di Léon Walras che ha preso come base per la sua teoria economica il sistema di equazioni simultanee e interdipendenti di Poinsot. Walras ipotizza che l'adeguamento dei prezzi debba essere eseguito da un agente esterno. Anche se non esplicitamente introdotto da Walras, questo è stato in seguito identificato come un banditore d'asta, un dispositivo che permette di ridurre gli agenti economici ad atomi, privi di qualsiasi capacità di apprendimento o di comportamento strategico. Siamo intorno al 1870, alla vigilia del tramonto della meccanica classica e del riduzionismo. La fisica dei microelementi che interagiscono è ancora di là da venire, e l'economia rimane intrappolata nella vista «equilibrista» di Walras. Da lí in poi, l'aggiunta di assiomatizzazione e non falsificabilità ha portato alla degenerazione del paradigma di ricerca della teoria economica standard (Lakatos, 1970).

Il metodo classico, newtoniano, non è piú adeguato per studiare i costituenti della materia, anche se va ancora bene per analizzare la cinematica dei corpi macroscopici. Il superamento in fisica avviene quando sorge il problema di studiare il mondo *micro*: un nuovo problema pone la necessità di «inventare» un nuovo metodo. E cosí hanno fatto i fisici. Invece gli economisti non hanno cambiato né problema né metodo: può rimanere lo stesso vecchio armamentario finché c'è da sommare linearmente e non esistono eterogeneità né interazione. Cosí per loro il *macro* non è altro che la somma degli elementi *micro*. Le cose si complicano però perché eterogeneità e interazione di fatto ci sono, cioè va considerata l'esternalità, ovvero che ciò che un agente fa ha effetti su un altro agente (e non necessariamente su tutti gli altri). Ora che si vuole analizzare il comportamento economico del singolo, si pretende di farlo continuando a impiegare la forma del metodo classico della fisica, adatto ai soli corpi macroscopici, come gli stessi fisici hanno convenuto.

Il *mainstream* può analizzare la macroeconomia con la metodologia della microeconomia senza cambiare gli strumenti matematici solo ipotizzando che gli agenti siano tutti uguali. Il che non evita, lo abbiamo visto, che il teorema SMD devasti la costruzione assiomatica. Come in quasi tutte le storie dell'uomo, la storia la raccontano i vincitori.

La *Ricchezza delle Nazioni* (1776) di Adam Smith nasce come tomo all'interno delle scienze morali (e la mano invisibile, la parabola che utilizzò Smith per spiegare l'imprevedibilità della Natura, in particolare dei fulmini, grazie all'intervento della *mano invisibile* di Giove, compare per la prima volta nella sua *Storia dell'astronomia*, nel 1750 circa; è solo nella *Teoria dei sentimenti morali* del 1759 che viene utilizzata in riferimento al mercato e come tale lí citata, seppur sparutamente[5]; cfr. Roncaglia, 2005).

Circa un secolo dopo, nel 1870, la matematizzazione entra prepotentemente in scena, soppianta la *political economy*, l'economia politica dei classici, e la trasforma in *economics*, in pseudoscienza. Tutto legittimo certo, ma rispetto alla fisica manca una gamba, quella della falsificabilità. Ogni conclusione non teme smentita, e ad oggi pagine e pagine delle principali riviste di economia sono dedicate ai puzzle, cioè ai come e ai perché la realtà si rifiuti di obbedire all'inverosimile modello *mainstream*. Un po' paradossalmente si potrebbe sostenere che quando la realtà si ostina a non obbedire alle prescrizioni del modello dominante, l'economia assiomatica rinnega la realtà.

Come *political economy*, l'economia aveva l'obiettivo di migliorare la società. L'esito, con la vittoria dell'*economics* è stato opposto. L'economia è diventata un sistema soggetto alle leggi di natura e quindi non mutabile né migliorabile se non rimuovendo tutto ciò che lo allontani dai mercati perfetti. Da qui la mitizzazione della flessibilità, ad esempio, ovvero della rovina di alcune generazioni.

[5] «Non serve a niente che il superbo e insensibile proprietario terriero ispezioni i suoi vasti campi, e che, senza pensare ai bisogni dei suoi fratelli, nell'immaginazione consumi da solo tutto il grano che vi cresce. Il familiare e comune proverbio, che dice che l'occhio è piú grande della pancia, non è mai stato cosí vero come nel suo caso. La capacità del suo stomaco non regge il paragone con l'immensità dei suoi desideri, e non è maggiore di quella del piú umile contadino. [...] La produzione del terreno mantiene in ogni momento quasi lo stesso numero di persone che è in grado di mantenere. I ricchi non fanno altro che scegliere nella grande quantità quel che è piú prezioso e gradevole. Consumano poco piú dei poveri, e, a dispetto del loro naturale egoismo e della loro naturale rapacità, nonostante non pensino ad altro che alla propria convenienza, nonostante l'unico fine che si propongono dando lavoro a migliaia di persone sia la soddisfazione dei loro vani e insaziabili desideri, essi condividono con i poveri il prodotto di tutte le loro migliorie. Sono condotti da una mano invisibile a fare quasi la stessa distribuzione delle cose necessarie alla vita che sarebbe stata fatta se la terra fosse stata divisa in parti uguali tra tutti i suoi abitanti, e cosí, senza volerlo, senza saperlo, fanno progredire l'interesse della società, e offrono mezzi alla moltiplicazione della specie. Quando la Provvidenza divise la terra tra pochi proprietari, non dimenticò né abbandonò quelli che sembravano essere stati lasciati fuori dalla spartizione» (Smith, 1759; trad. it. 2001, pp. 375-76).

Sedimenti della storia e non falsificabilità.

> L'inconfutabilità di una teoria non è (come spesso si crede) un pregio, bensí un difetto. Ogni controllo genuino di una teoria è un tentativo di falsificarla, o di confutarla. La controllabilità coincide con la falsificabilità; alcune teorie sono controllabili, o esposte alla confutazione, piú di altre; esse per cosí dire, corrono rischi maggiori.
>
> KARL POPPER

L'economia neoclassica si occupa di analizzare l'allocazione ottimale delle risorse. Date cioè le risorse naturali, la popolazione, il capitale disponibile e la tecnologia, spetta al mercato, o a un dittatore benevolo, stabilire un sistema di prezzi che garantisca la migliore situazione possibile, ovvero una situazione in cui il benessere di qualcuno non possa essere migliorato se non a spese di qualcun altro. Gli economisti parlano di «Pareto ottimalità» (dal nome dell'economista italiano Vilfredo Pareto che definí tale approccio), che non tiene conto di come il reddito è distribuito.

Nell'approccio statico alla ricerca del punto di equilibrio, questa situazione «ottimale» può utilmente essere rappresentata da una linca, che da un punto iniziale (dove i gusti dei consumatori, la tecnologia produttiva e le dotazioni sono date) arriva a un punto terminale, in cui consumatori e produttori raggiungono il livello massimo, possibile, del proprio benessere. Sostanzialmente nulla cambia nel caso dinamico, quando il punto ottimale viene sostituito da un sentiero, anch'esso ottimale e di equilibrio. E tutto questo grazie alla *mano invisibile* del mercato che rende compatibili tra loro le miriadi di gusti e preferenze degli agenti economici producendo un risultato che è il migliore possibile per tutti. Purtroppo le cose non stanno proprio cosí: il teorema SMD ha dimostrato che questo risultato è un desiderio, non appunto un teorema. Intanto perché il punto finale non è un punto, ma sono infiniti punti. Cioè la medesima situazione di partenza può produrre esiti differenti, e quindi migliorabili. Kirman (1989) ricorda inoltre che la teoria assiomatica è vuota proprio nel senso che è una teoria incapace di produrre proposizioni empiricamente falsificabili. La falsificabilità, come già ricordato (cfr. *supra*, cap. 1, nota 2, p. 4), è il criterio formulato da Karl Popper per identificare le scientificità di una teoria. Popper (1935) dimostra che la verifica non è sufficiente quando si vuol garantire la validità di una teoria scientifica. E come sostiene Bertrand Russell, il maiale che formuli una teoria su «quant'è buono il contadino che mi nutre e mi fa ingrassare come un porcello» è destinato ad essere contraddetto il giorno della macellazione. E la teoria verificata per mesi, crolla in un attimo.

La caratteristica della scientificità di una teoria consiste dunque nella falsificabilità, altrimenti è impossibile controllarne la validità rispetto alla realtà che presume di descrivere. Anche perché se un'ipotesi non può essere sottoposta a un controllo che possa falsificarla, allora chi l'ha avanzata può suggerire, a partire da essa, qualsiasi altra concezione senza possibilità di contraddittorio. L'ipotesi iniziale può portarci a qualunque conclusione senza che si possa confutarla. Cosí possiamo leggere di politiche restrittive di bilancio dagli effetti espansivi, o di liberalizzazioni del mercato del lavoro che aumentano l'occupazione, o di aliquote fiscali *flat* che non producono deficit.

Alla domanda se possiamo sperare di ottenere unicità e stabilità globali basandoci sul comportamento degli individui, la risposta è un *no categorico*. Non è possibile in alcun modo fondare il comportamento aggregato, cioè nel suo complesso, di un'economia su quello dei singoli agenti, perché è esattamente come pensare di poter godere del *Giudizio* michelangiolesco guardando i pigmenti di lapislazzuli e di morellone. La domanda aggregata non può derivare logicamente dalle funzioni individuali poiché si può costruire solo tenendo conto dell'interazione diretta, cioè non mediata dal mercato, tra gli individui. Invece, effetti derivanti dall'imitazione, dalle mode e dalle bolle speculative stesse sono esclusi dalla teoria walrasiana, nella quale, un agente fittizio onnisciente (il banditore) coordina l'economia. Ma piuttosto che ammettere la bancarotta della teoria assiomatica (e con essa del suo nucleo ideologico) si è proposta un'innovazione sempre nella stessa direzione: rappresentare la società per mezzo dell'agente rappresentativo (cioè una costruzione statistica che è l'immagine virtuale di una media degli agenti dell'economia).

La teoria dell'equilibrio fallisce dunque nella formulazione stessa delle leggi di funzionamento del capitalismo che rendono di valore nullo le prescrizioni di politica economica che quasi quotidianamente i *mainstreamers* ci infliggono.

Nei desideri degli assiomatici l'equilibrio dovrebbe essere:

1. uno stato che l'economia tende spontaneamente a raggiungere e a conservare in assenza di disturbi esterni;
2. uno stato in cui ogni agente economico si trova in una posizione per lui ottimale, dati i suoi vincoli finanziari e le sue preferenze;
3. un sistema di scambi coerente e realizzabile, nel senso che tutti possono scambiare ciò che hanno programmato, ossia domanda e offerta sono uguali in tutti i mercati.

Rimane però un sogno, che sarà pure, come dicono Freud e Cenerentola, un *desiderio di felicità*, ma al risveglio svanisce. E il risveglio prodotto dal teorema SMD, come abbiamo visto, è stato brusco. E per fortuna non è mancato chi si è ridestato davvero, come si evince dalle parole di Werner Hildebrand (1994, p. 169): «Fino al teorema SMD, ho coltivato l'ingenua illusione che le microfondazioni del modello di equilibrio generale, che avevo tanto ammirato, permettessero di provare che tale modello e l'equilibrio fossero logicamente compatibili. Questa illusione, ma dovrei forse dire questa speranza, è stata distrutta per sempre». Se, come afferma il teorema SMD, al di fuori di condizioni inverosimili, cioè, quindi, se si ha a che fare con la realtà, la curva di domanda di mercato può avere qualsiasi forma. Per ottenere una curva di domanda in cui al diminuire del prezzo la quantità aumenta si deve ipotizzare a tavolino una condizione implausibile: il reddito aumenta e si continua a comprare le stesse cose, solo un po' di piú. Ovvero: quando guadagnavo sei euro al mese le mie cene eleganti erano spesso di un hamburger di coglione di mulo di Visso; ora che ne guadagno seimila, mangio mille hamburger di coglione di mulo di Visso, gettando nella disperazione i muli e il mio dietologo. Ma è ovvio che questo è verosimile esclusivamente se c'è una sola persona e una sola merce sul mercato. Prendendo sul serio la matematica, arriviamo dunque alla conclusione che le curve di domanda e di offerta aggregate non possono derivare logicamente dalle funzioni individuali, poiché occorre tener conto dell'interazione tra gli individui. Il risultato è chiaro. E solo motivazioni fideistiche possono tenere in vita ciò che fu. Se uno crede nel Grande Cocomero saranno pure affari suoi. Basta che non pretenda di governare la nostra vita, magari flessibilizzandoci.

Nel mondo dell'equilibrio generale è tutto reale, e non c'è moneta che non sia un mezzo di scambio fra due merci. Si parte dal mercato del lavoro dove si fronteggiano domanda e offerta dello stesso. Queste curve si incontrano in un punto che determina la piena occupazione e il salario di equilibrio. La situazione è *di equilibrio* nel senso che tutti quelli che vogliono lavorare trovano un impiego. La disoccupazione involontaria è frizionale, dovuta cioè a rigidità o a informazioni limitate (ad esempio: sono disoccupato a Numana e c'è un posto libero che farebbe al caso mio, ma a Sirolo). La continua evocazione della flessibilità non è che l'applicazione di questa visione. Che, sarà utile ripeterlo, prescinde sia dalla domanda sia dalla moneta. (È semplicemente moltiplicando il numero di occupati per la loro produttività media che si ottiene il Pil). La moneta entra in scena solo dopo, per determinare il livello dei prezzi (ovvero l'inflazione), perché il reddito reale è già determinato dal numero di occupati. Cosí l'inflazione è sempre e comunque un fenomeno monetario, che dipende solo da quanta moneta viene stampata (Friedman e Schwartz, 1963). Non sarà quindi motivo di grande sorpresa osservare che l'inflazione non è generata dal lancio di nuove banconote dall'elicottero della Banca centrale, come spesso ipotizzano gli assiomatici. Se restate a bocca aperta di fronte a tale scoperta, be' riprendetevi dallo shock e fatevi una ragione del fatto che un economista matematico è capace di sostenere qualsiasi evento inverosimile e di farsi vanto per la controintuitività del fenomeno, come quando il vostro fidanzato vi sussurra in un orecchio: «Claudio, ti amo», quando voi avevate sempre creduto di chiamarvi Isabella.

Nel modello di base, abbiamo visto, si parte da famiglie (con determinate preferenze nell'acquisto di beni e nella ripartizione della giornata tra lavoro e tempo libero) e imprese (con la tecnologia disponibile e le risorse naturali che, essendo infinite, *sic*, non pongono dei vincoli). E le banche? Piú avanti. In un epiciclo successivo, seguendo la lezione degli astronomi tolemaici[6]. Ma questo crea alcuni problemi, come dovrebbe risultare ovvio. E al lettore non sfuggirà il vero significato di che cos'è l'immaginazione per un economista: lo strumento per spiegare perché la realtà si rifiuta di assecondare ipotesi improbabili. Un po', appunto, come il movimento dei pianeti nel modello tolemaico (o i rigori del Brasile nel 1994 alle nostre gufate). In realtà aggiungere la moneta o il credito in un momento successivo non influenza per nulla i risultati del modello: i prezzi relativi sono determinati dalla sola parte reale, e la moneta non c'entra. Questo vuol dire relegare la finanza a un ruolo secondario con buona pace del fenomeno, sempre piú invasivo, della *finanziarizzazione* dell'economia.

La moneta, però, favorisce gli scambi, e non è un dettaglio da poco. Perché è vero che gli Inca costruirono un impero basando la loro economia solo sul baratto, ma con la complessità produttiva di oggi sarebbe come dire che, se voi siete un operaio della Fiat, vostra moglie deve cercare di scambiare una biella con due etti di prosciutto nella salumeria sotto casa.

Torniamo all'equilibrio generale, seguendone una descrizione classica (Ingrao e Israel, 1993): esso si verifica quando ciascun singolo attore è in equilibrio. L'equilibrio ha un ruolo centrale nella teoria economica per la concezione stessa dei fenomeni economici, secondo cui il comportamento degli agenti porta *naturalmente* l'economia verso una condizione di compatibilità, quindi di equilibrio, dei differenti fini perseguiti dagli stessi.

In contrasto con l'approccio di massimizzazione dell'utilità della teoria assiomatica, gli esperimenti condotti in laboratorio usando cavie o studenti evi-

[6] Per la teoria degli epicicli cfr. *supra*, cap. 1, nota 1, p. 4.

denziano che le scelte non sono mai ottimali. Ma c'è un però: gli agenti veri, cioè gli individui, pur dotati di conoscenza e razionalità limitate, in media scelgono bene purché abbiano un periodo sufficientemente lungo di tempo per imparare. Dopo un po', l'applicazione di buone «regole del pollice» produce risultati abbastanza vicini alla massimizzazione dell'utilità. In altre parole, a livello aggregato, la teoria della scelta razionale viene ben approssimata dal seguire regole empiriche assai piú semplici ricavate dall'apprendimento. Se, dunque, la razionalità collettiva può emergere da elementari «regole del pollice», per essere razionali ed efficienti non occorre aggrapparsi a ipotesi inverosimili e muoversi in ambienti iperrazionali: basta che gli agenti interagiscano e apprendano.

Quanto alla compatibilità dei fini, che porta allo stato di equilibrio del mercato, questa è contraddistinta dalle proprietà di ottimalità e di efficienza: gli agenti preferiscono lo stato di equilibrio piuttosto che altri stati, in quanto in esso realizzano le loro scelte preferite dati i vincoli e i gusti individuali. A ben vedere, questa visione è un vecchio residuo della teoria newtoniana della fisica, e presenta alcuni problemi. Intanto assume che tutti gli agenti siano identici tra loro e che siano tanti Robinson Crusoe che non si imbattono mai in un Venerdí, neanche al mercato. Si incontrano, e non parlano. Si ignorano perché non hanno nulla da dirsi: si trovano poco interessanti perché uguali tra loro, troppo identici per stuzzicare ogni moto di curiosità.

Ma lo scenario cambia quando appare Venerdí (per non dire che succede quando arriva Domenica). Allora lo scambio diviene diretto, l'interazione sconvolge gli equilibri, ciò che avviene dipende dagli scambi stessi e dalle condizioni finanziarie, l'eterogeneità e le aspettative diventano endogene per via dell'interazione. E il modello *mainstream* che vorrebbe allocare efficientemente tutto a priori attraverso il mercato si rivela vuoto, incoerente e contraddittorio. Ben che vada, inadeguato per comprendere l'esistente. Il peccato originale è che deve assumere determinate condizioni iniziali per giungere a *una* distribuzione finale. Ma non la raggiunge, né mai potrà per quanti epiciclici vengano aggiunti. A differenza della religione cattolica, qui non c'è purificazione possibile: una proposizione sbagliata non diventerà mai un teorema esatto. Punto.

Inoltre dovremmo anche considerare che il processo prescinde dal tempo e dall'accumulazione di beni, per tacere dell'innovazione, cioè del *faber* del capitalismo, che genera un ossimoro accanto all'immutabile processo dati-allocazione.

Di certo prendere in considerazione il tempo complica il concetto di equilibrio, perché introduce quella variabilità che un modello di equilibrio generale rifugge. La coerenza e la compatibilità delle scelte degli agenti non riguardano soltanto le scelte presenti ma anche quelle future attraverso le loro *aspettative*. Se, infatti, esplicitiamo il dato che gli agenti economici fanno scelte e svolgono la loro attività nel corso di successivi periodi di tempo, allora dobbiamo pure tener conto esplicitamente del fatto che anche i piani di scambio formulati nel periodo presente per essere immediatamente realizzati sono parte di scelte e progetti che si fondano su aspettative circa eventi futuri, che gli agenti potranno rivedere e correggere alla luce delle conferme che riceveranno dai fatti o dagli errori di previsione. La scelta di piani ottimali è una scelta intertemporale, che investe una successione di periodi e comporta un processo di formazione e verifica delle aspettative. Capita a ogni individuo e a ogni famiglia quando fa la spesa per la settimana ma poi non basta, programma le vacanze ma poi rinuncia a una tappa o stipula un mutuo e poi surroga.

In tema di dinamica, non si può nemmeno prescindere dall'accumulazione di capitale. I molti tentativi fatti enfatizzano, nell'interpretazione piú malevola, la radicale inadeguatezza del modello walrasiano che non potrebbe dar conto in modo coerente di un equilibrio con accumulazione di capitale nel lungo periodo perché non garantisce la condizione di uniformità del saggio di profitto (cioè che il rapporto tra plusvalore annuale e capitale investito sia sempre uguale), o nell'interpretazione piú benigna, che questa modifica cambi la natura dell'equilibrio in un modello di equilibrio temporaneo, una successione di equilibri nel tempo.

Quale che sia la nostra attitudine, occorre riconoscere che la teoria dell'equilibrio generale in tema di dinamica incarna l'impossibilità di considerare il mutamento dei dati (preferenze, tecnologia, risorse) e di conciliare queste novità con i processi di aggiustamento dei prezzi. Cosí, ci ritroviamo ridicolmente a sperare che un modello statico, reso dinamico, quasi miracolosamente funzioni. Un po' come condurre una trasmissione radiofonica, dar la linea a un fervente neoliberista e sperare che costui, solo per il fatto di avere un microfono in mano ed essere in onda, inizi a pronunciare perle di saggezza.

Inoltre, viene esclusa dal modello ogni forma di apprendimento: gli agenti sanno già tutto o, come i professori di economia assiomatica, credono di saperlo. In fondo, se gli atomi fossero in grado di pensare, usciremmo dalla naturalità della fisica, e dovremmo riconoscere che l'economia non può essere una scienza dura. L'informazione stessa deve essere considerata come un dato, che però non è generato dal sistema a priori.

Insomma, il modello tradizionale spiega tutto, ma non l'innovazione, cioè la vera novità del capitalismo. Possiamo sostenere dunque che la crescita conseguente al salto tecnologico del XVIII secolo non può essere compresa con gli strumenti dell'economia ortodossa. Si può certo aggiungere eterogeneità al modello. O finanche network. Purché non cambino endogenamente e non si evolvano nel tempo. Che siano epicicli, e finisca lí.

Riassumendo, già nella prima teoria dell'equilibrio generale si può individuare il nucleo centrale di tutte le successive versioni della teoria in un mercato di *concorrenza perfetta* dove gli agenti razionali sono cosí piccoli da non influenzare i prezzi e dove la compatibilità delle decisioni indipendenti degli agenti sia assicurata dai prezzi stessi. In tal modo si spera di ottenere:

– coerenza e compatibilità degli obiettivi, entro i limiti dati di tecnologia e risorse, che fondano l'equilibrio;

– confrontabilità fra diversi stati di equilibrio economico se cambiano vincoli o preferenze, che porta a un equilibrio unico ideale;

– stabilità globale, perché il meccanismo della *mano invisibile* dei prezzi guida il mercato verso l'equilibrio.

Pur prescindendo dalla mancanza di concretezza e di visione realistica della teoria, le contraddizioni logiche sono state dimostrate dal teorema SMD, in particolare, come abbiamo detto, rispetto alla presunta unicità dell'equilibrio e alla sua ancora piú inverosimile stabilità globale. Le conseguenze di questo fallimento sull'intero programma di ricerca sull'equilibrio economico generale possono essere trascurate... Certamente. Sempre che si voglia fare dell'economia una «scienza» del tipo di quella degli aruspici o dei lettori di fondi di caffè.

Applicare la teoria di Newton al movimento degli elettroni (e attribuirne il fallimento all'imperfezione della realtà).

L'approccio della fisica statistica ha profondamente colpito la scienza fisica alla fine del XIX secolo, mettendo in luce, come accennato, la differenza tra micro e macro. Pur senza un'adesione formale ai nuovi strumenti della fisica, Keynes intorno alla metà degli anni Trenta del secolo scorso, anche in risposta alla Grande Depressione[7], fonda la macroeconomia. Da lí all'economia assiomatica, invece, il concetto di macro si perde e l'aggregazione è semplicemente una procedura formale che permette di riassumere i risultati di mercato delle singole entità a livello di economia, come in un disegno riprodotto in scala piú grande grazie al pantografo. Questo significa che non c'è differenza tra micro e macro: le dinamiche del *tutto* non sono altro che una sommatoria delle dinamiche dei suoi componenti (in termini di fisica, è come se il moto di un pianeta possa essere descritto dalla dinamica individuale di ciascun atomo che lo compone).

Questo approccio non prende in considerazione il fatto che ci potrebbero essere interdipendenze bidirezionali tra gli agenti e le proprietà globali del sistema: agenti che interagiscono producono «fenomeni emergenti» (che sono strutture divenute complesse ma derivate da semplici regole individuali che il sistema non ipotizzava né prevedeva, «promosse» proprio dall'interazione), per cui la corretta procedura di aggregazione non è la somma del comportamento individuale. Ov-

[7] Tra fine Ottocento e inizio Novecento per Grande Depressione si intendeva quella agraria del 1873, che fu la prima e unica grande crisi economica fino a quella del 1929, che prese il posto della precedente nella memoria collettiva, divenendo la Grande Depressione per antonomasia.

vero, ciò che è buono per l'individuo può non esserlo per la collettività, come evadere il fisco o fare i furbi.

Non c'è bisogno di ricorrere a ipotesi ipersofisticate, e quindi irrealistiche, sul comportamento degli individui per ottenere esempi di esiti aggregato-razionali. Prendiamo il caso del mercato del pesce di Ancona. In un'asta «olandese» (il prezzo parte da un livello arbitrario scelto dal banditore e scende fino a quando uno dei compratori decide l'acquisto al prezzo corrente) si fronteggiano di solito trenta-quaranta venditori (pescivendoli) e centosettanta-duecento compratori (negozianti e ristoratori). Immaginiamo che le domande degli acquirenti siano delle rette verticali che arrivano fino a un prezzo di riserva, cioè un prezzo oltre il quale non si è disposti all'acquisto: si comprano, ad esempio, 50 chili di sogliole al prezzo massimo di 20 euro al chilo. L'eterogeneità di acquirenti fa sí che si avranno tante domande verticali. Quando le aggreghiamo emerge una curva di domanda del mercato con pendenza negativa poiché ci sono poche domande a prezzi alti e via via di piú quando i prezzi scendono. Si potrebbe dire che otteniamo una relazione aggregata razionale da comportamenti individuali poco sofisticati[8].

L'economia e la cosmologia sono sorprendentemente simili. Entrambe sono discipline molto dogmatiche poiché, nonostante l'ammontare di dati disponibili, sono dominate da assunzioni a priori e i dati vengono

[8] Lo studio della formazione dei prezzi nel mercato del pesce di Ancona è stato accompagnato da un questionario anonimo volto a capire il comportamento degli acquirenti. Una risposta in particolare colpí la mia attenzione. La domanda era: «Perché lei un giorno acquista una certa quantità di pesce a, diciamo, 20 euro al chilo, e il giorno seguente la stessa quantità a 40 euro?» La risposta fu interessante: «Tanto il cliente è un po' fesso». Incuriosito cercai di scoprire a chi corrispondesse l'identificativo numero 169 del questionario. Era il mio pescivendolo di fiducia. Offeso, cambiai pescheria. Ma anche il nuovo venditore si comportava nello stesso modo. Conclusione diplomatica: il consumatore è un attore debole nel mercato. Conclusione verosimile: tanto furbo non devo essere.

spesso utilizzati in funzione di come questi si conformino a tali concetti.

E cosí, in effetti, si comporta l'economia assiomatica che è quindi una disciplina che si rifà a una scienza e ai suoi strumenti, che erano stati disegnati per investigare il molto grande. Però, l'economia non ha leggi naturali e la trasposizione *sic et simpliciter* di fisica in economia produce mostri. E ne produce sia perché vorrebbe affrontare macro e micro con i medesimi strumenti, come abbiamo visto, sia perché si illude che il rigore analitico possa rimpiazzare la falsificabilità. E ci vuol far credere che solo una soluzione studiabile con matita e carta sia rigorosa. Se un ragionamento simile venisse applicato in fisica, dovremmo dedurre che in natura esiste un solo atomo: quello di idrogeno perché è il solo risolvibile analiticamente.

Il modello economico dominante assume, dunque, che gli agenti si comportino in modo razionale e che non interagiscano tra loro se non attraverso il mercato, ovvero attraverso i prezzi. Cosí facendo il mercato acquisisce il ruolo di coordinatore stabilendo i prezzi che mettono in equilibrio domanda e offerta. Il modo piú immediato per comprendere l'economia dominante è forse quello di far riferimento all'irriducibile ottimismo del dottor Pangloss del *Candide* di Voltaire.

Assumere che gli agenti siano individui con una razionalità basica ha una sua ragione. E non solo perché rispetta la falsificabilità di cui sopra, in quanto esistono tanti modi per comportarsi irrazionalmente (come divorziare dalla moglie per sposare la suocera) e un solo modo per essere razionali, ma anche perché è l'unica maniera per identificare atomi fisici e agenti («Come sarebbe difficile la fisica se gli atomi potessero pensare», ha riconosciuto il premio Nobel per la fisica Murray Gell-Mann, cioè se usassero delle strategie nel comportamento). Ipotizzando l'assenza di pensiero, apprendimento e strategia, quindi, si può applicare senza grossi pasticci il metodo della fisica all'economia.

Ma c'è di piú. I vizi dei singoli, sempre nel modello dominante, si trasformano in virtú per la collettività. Cosí il nostro pane quotidiano dipende dal desiderio di far profitti del fornaio piuttosto che dalla sua benevolenza, o il vino può diventare sostegno e gloria dell'umanità, se non se ne abusa. Il mercato trasforma i vizi in virtú. Ma non sempre. Appare spesso miope e incapace di coordinare il sistema, come la Grande Recessione dimostra.

La fisica statistica ci ha insegnato invece che il macro emerge dal comportamento del micro. E che applicare le leggi macro al micro è, ben che vada, fuorviante. Come chi voglia applicare le leggi newtoniane del moto alle dinamiche degli elettroni, cosí l'economista che volesse mutuare questa scelta scriteriata non può che creare danni agli altri e a sé, come la terza legge della stupidità umana di Carlo M. Cipolla insegna: «Una persona stupida è una persona che causa un danno a un'altra persona o gruppo di persone senza nel contempo realizzare alcun vantaggio per sé o addirittura subendo una perdita». Ad esempio, per assurdo, qualcuno potrebbe pensare che in presenza di disoccupazione una riduzione dei salari produca effetti benefici, dimenticando che la riduzione dei redditi si traduce in riduzione della domanda aggregata. E quindi minor occupazione. Nonostante flessibilità del lavoro. Se i consumi dipendono dal reddito permanente, ossia da una fonte di reddito stabile, la precarietà uccide i consumi.

In economia il modello standard assumeva l'esistenza di perfetta razionalità e informazione completa degli agenti in una situazione di equilibrio generale[9].

[9] Le limitazioni informative o l'assenza di mercati completi (per ogni merce e fino alla fine dei tempi) sono tuttora investigati purché venga mantenuto il solito schema allocativo: date le dotazioni iniziali si studia come il mercato attraverso i

Il fatto che quasi ogni dato contraddica le ipotesi di partenza del modello viene considerato un problema minore se comparato al vantaggio derivante dal fatto che tali assunzioni si possono trattare matematicamente e permettono di derivare forme analiticamente chiuse. La stima del rischio basato su questa metodologia ha contribuito a condurci al disastro finanziario di questi anni. La trattabilità matematica non può essere, infatti, l'arbitro ultimo della scienza quando si tratta di modellare sistemi del mondo reale. O meglio può esserlo, senza però poi prendersela con la realtà se questa si ostina a non voler obbedire ai precetti della teoria. Come se rendere il pensiero in termini matematici lo rivestisse non solo di rigorosità ma anche di realismo. È chiaro invece che una fesseria espressa in forma di teoremi non la rende vera, ma semmai formalizza la stupidaggine.

La storia piú emblematica è, per me, quella del Long-Term Capital Management (LTCM), un fondo comune di investimento di tipo speculativo: un *hedge fund*. Il termine *hedge* si riferisce alle strategie di copertura e protezione usate per ridurre la volatilità dei portafogli abbassando il rischio di mercato. Gli *hedge fund* sono considerati un azzardo per l'economia reale in quanto possono accentuare i pericoli di bolle speculative e creare turbative nelle contrattazioni. Questo vale almeno per quei gestori che non sono adeguatamente preparati, non certo per gli ispiratori dell'LTCM, Robert Merton e Myron Scholes, vincitori del premio Nobel per l'economia nel 1997 per aver avviato l'epoca dei *contratti derivati* di borsa e aver contribuito a *controllo e vigilanza su istituzioni e mercati finanziari*. Inizialmente il suc-

prezzi le distribuisce tra gli agenti. Anche in questo caso si applica però il teorema del «tutto è possibile».

cesso del fondo fu enorme, con ritorni nell'ordine del 40 per cento su base annua, ma nel 1998, a causa della crisi russa e del grande utilizzo della leva finanziaria da parte dei gestori dell'LTCM, quest'ultimo collassò, e fu necessario l'intervento diretto della Federal Reserve al fine di evitare la bancarotta. La teoria su cui si imperniava il fondo dimenticava purtroppo l'effetto imitazione (cioè l'interazione diretta tra gli agenti), non distingueva (per comodità analitica) le buone fasi da quelle cattive e si basava sulla «normalità» del rischio (cioè che fallisca l'Eni o la parrucchiera sotto casa mia, l'effetto sull'economia italiana sarà identico)[10].

Insomma, i «poveri» Merton e Scholes (dei quali si dice comunque che non abbiano investito i soldi del Nobel nell'LTCM) inventarono una macchina capace di trasformare del buon Barolo in imbevibile acqua. E chissà perché fallirono?

L'economia è una scienza, gli Ufo ci spiano e i gatti abbaiano.

Come si è visto all'inizio di questo capitolo, l'equilibrio generale è un modello matematico, non una scienza (cfr. anche Sylos Labini, 2015). Perciò l'economia non è una scienza? Può aspirare a tale status? A queste e altre domande cercherò di rispondere di seguito.

L'economia dominante è un'imitazione della fisica, si è detto, sia per l'aspetto sia per l'epistemologia. Perché

[10] Se la vostra banca vi dicesse che la probabilità che Wall Street perda in un giorno l'8 per cento del suo valore (cosa avvenuta 48 volte nel XX secolo) è leggermente inferiore a quella che un *Tirannosaurus Rex* vi azzanni mentre portate vostro figlio a giocare al parco, cosa fareste? Dopo aver dato del cretino al direttore, chiudereste il conto. Eppure la teoria economica dominante, quella che guida i nostri governi e la nostra vita, ci dice proprio questo. E non sono solo i nostri depositi a rischiare, investiti (dalle banche per noi) in fondi la cui aleatorietà è tale che semplicemente non può essere nemmeno immaginata dalla teoria dei mercati efficienti.

il paradigma economico contemporaneo si basa su una teoria formale di equilibrio generale con assiomi chiaramente enunciati, modelli matematici per le applicazioni, raccolta sistematica di dati e analisi statistiche per prove empiriche. Tuttavia, nonostante esteriormente assomigli alla fisica e nonostante il presunto equipaggiamento di molte leggi, l'economia non è una scienza[11].

Ricordiamo per sicurezza che la scienza può essere definita come l'insieme delle conoscenze ottenute attraverso il metodo scientifico, che consiste in applicazioni iterative di metodi deduttivi e induttivi per raggiungere la coerenza fra teoria e osservazione. La maggior parte delle conoscenze economiche, però, non è stata ottenuta dall'applicazione del metodo teorico sperimentale. Una teoria stabile, cioè coerente con le osservazioni, in economia non sembra esistere. E ci si domanda se mai esisterà. Esistono, viene da chiedersi, leggi economiche?

In una lettera a Maffeo Pantaleoni, Pareto racconta di un collega economista della Scuola storica tedesca, il quale, dopo aver inveito tutta la mattina, durante un convegno, contro chi sosteneva l'esistenza di leggi in economia, gli chiese dove potesse trovare un buon ristorante a prezzi modici. Acquistare lo stesso prodotto al prezzo piú basso è una costante, *quasi* una legge, che può avere due diverse spiegazioni: l'utilità, secondo l'ortodossia economica; l'entropia, secondo la fisica. Quando si acquista un prodotto, buono tanto quanto un altro ma meno caro, è disponibile ancora energia da disperdere acquistando altri beni. Ogni attore sul mercato può preferire una certa strategia, per passare a uno stato di entropia superiore. Se le circostanze cambiano, magari a seguito dell'azione di altri attori, si può rivedere la propria strategia per ottimizzare il

[11] Per approfondire, cfr. Hicks (1983).

consumo di energia libera. Di conseguenza è impossibile predire nel dettaglio la crescita e il declino dell'economia a priori: la densità di energia dell'economia non è costante e una decisione di ciascun attore influenza le decisioni future di ogni altro attore.

La seconda legge della termodinamica[12] incoraggia quelle attività che fanno decrescere l'energia libera il piú rapidamente possibile. Questo porta all'incremento della produttività e a cercare nuove fonti energetiche. Ma la stessa legge rivela che è impossibile individuare quale sarà il corso ottimale di utilizzazione dell'energia perché il corso scelto influenza la scelta delle azioni future.

Le leggi dell'economia sono in realtà ipotesi, e le ipotesi spesso sembrano contraddire i fatti. O, al massimo, sono buone per alcuni periodi ma non per altri. Il già citato Alfred Marshall, che pure credeva nella teoria quantitativa della moneta, sosteneva che in certi periodi (ad esempio in tempo di guerra) quella teoria non valeva. Come se l'evento bellico sospendesse la legge di gravità. L'anomalia sta nel fatto che la natura delle leggi economiche è diversa perché i suoi agenti, a differenza degli atomi, apprendono dall'esperienza. Se scoprissimo che il prezzo dei titoli delle società estrattive dipende dall'oroscopo della mattina formulato da qualche buontempone su un giornale del Medio Adriatico, verrebbe formulata la legge e distrutta all'indomani non appena divulgata perché gli altri agenti la

[12] Ricordiamola: in un sistema chiuso, come la Terra, il disordine (l'*entropia*) aumenta continuamente fino all'equilibrio. Negli anni Settanta, Nicholas Georgescu-Roegen (2003) ha introdotto questo principio nell'economia (*bioeconomia*). La *freccia del tempo* rompe la circolarità della visione *mainstream* e considera che qualsiasi processo economico che produca merci materiali oggi diminuisce la possibilità futura di produrre altre merci, poiché nel processo economico la materia si degrada. Se disperse nell'ambiente, le materie rinnovabili possono essere reimpiegate nel ciclo economico solo in misura molto minore e a prezzo di un alto dispendio di energia. Materia ed energia, quindi, entrano nel processo economico con un grado di entropia relativamente basso e ne escono con un'entropia piú alta: questa smetterà di crescere una volta raggiunto l'equilibrio, cioè quando le risorse saranno del tutto esaurite (Prigogine e Stengers, 1979; e Giacobello, 2012).

apprenderebbero e si precipiterebbero ogni mattina a comprare il quotidiano[13].

Ma la ragione principale per cui l'economia non è una scienza è la mancanza di interazione tra il piano teorico e quello empirico dovuta al fatto che in economia non esistono esperimenti ripetibili: qui i due piani vengono intersecati raramente per creare vera conoscenza scientifica. Purtroppo, osservazioni stilizzate e analisi statistiche hanno confutato alcuni dei presupposti fondamentali della teoria formale. E la falsificazione scientifica non ha prodotto una significativa revisione della teoria, forse per proteggere lo *status quo* (Blaug, 1998).

La ricerca empirica in studi econometrici ha ampiamente utilizzato i dati economici per sviluppare tecniche piú avanzate di statistica matematica, senza contribuire di molto alla sostanza della teoria economica: la creazione di un'illusione scientifica della macroeconomia empirica (Summers, 1991). L'econometria sembrava possedere quella metodologia che rende possibile scoprire leggi economiche, una metodologia molto simile a quell'analisi dei dati osservazionali sull'astronomia. Purtroppo cosí non è poiché il teorema del «tutto è possibile» che ho già ricordato vale anche in questo caso e ciò che viene testato è in realtà l'insieme di ipotesi (normalità degli errori, relazioni lineari, agente rappresentativo).

Pur avendo tutti gli elementi essenziali di una scienza *soft*, l'economia *non* è una scienza, perché la teoria economica e i dati empirici esistono sí, ma in parallelo: non si intersecano. Come ha riassunto Kaldor (1972, p. 1239, nota 1), «in economia, le osservazioni che contraddicono le ipotesi di base della teoria prevalente sono generalmente

[13] L'identificazione di un preciso rapporto causa-effetto non è affatto operazione agevole, soprattutto nelle scienze sociali. Iosif Vissarionovič Džugašvili, non ancora diventato Stalin, domandò inutilmente un lavoro da portiere di notte in un albergo di Ancona: quanto è legittimo attribuire le responsabilità, ad esempio, dei gulag staliniani al diniego di Paolo Pallotta, portiere dell'albergo Dorico? Il maître rifiutò di offrire il lavoro perché trovò Stalin un ragazzotto troppo timido.

ignorate: il "teorico" e l'"empirico" operano in due compartimenti isolati e la sfida di osservazioni anomale viene ignorata dal teorico come qualcosa che potrebbe essere presa in considerazione nella fase di "seconda approssimazione" senza influenzare le ipotesi di base».

La realtà è anche peggiore: alla validazione empirica il modello dominante neanche arriva. Inattaccabili dalla falsificabilità, i suoi assiomi sfidano l'evidenza, e spesso anche il ridicolo. La verificabilità degli assiomi in economia dovrebbe essere una scelta metodologica obbligata, quasi una necessità se vuole essere utile nel mondo reale.

L'economia deve perciò cessare di essere trattata come una teoria scientifica o difesa come se fosse una fede religiosa. Perché le teorie economiche *servano* davvero, gli economisti devono essere pronti, se necessario, a modificarle o abbandonarle, in base alle osservazioni. Per applicare sistematicamente il metodo scientifico, l'economia necessita proprio di una rivoluzione scientifica che sappia legare la coerenza interna a quella esterna nei confini di una scienza sociale che ha molte regolarità ma poche leggi.

Il motivo per cui questa rivoluzione è piú urgente di altre è che l'economia influenza profondamente le nostre vite: ci detta i tempi di lavoro-riposo-divertimento, ci libera dalla sopravvivenza, ma ci ha ridotto al ruolo di criceti. C'è una bella differenza, ad esempio, con la cosmologia: che lo spazio sia omogeneo o frattale, che l'universo acceleri o meno, la cosa non influenza direttamente l'esistenza umana. Le nostre esistenze dipendono, invece, dalle prescrizioni di politica economica derivate da un modello mentale. Insomma, un cosmologo scarso rovinerà al massimo il buon nome della propria famiglia, ma un pessimo economista che viene però ascoltato può rovinare Paesi interi con i suoi consigli farlocchi. Trovare una soluzione analitica può rafforzare il modello, ma non è in nessun modo decisiva per la bontà o meno dello stesso.

Ricapitolando il problema, in economia il modello standard assume l'esistenza di perfetta razionalità e informazione completa degli agenti in una situazione di equilibrio generale. Il fatto che quasi ogni dato contraddica le ipotesi di partenza del modello viene considerato un problema minore se comparato al vantaggio derivante dal fatto che tali assunzioni si possono trattare matematicamente e permettono di derivare forme analiticamente chiuse. Inutili però nel mondo reale. A meno di voler fare dell'economia una scienza che studi solo il già citato atomo di idrogeno (l'unico risolvibile analiticamente) sostenendo che è il solo agente esistente in natura.

Ci sono strutture alternative che, sebbene non ancora complete e strutturate, forniscono una strategia di ricerca piú promettente per fornire approfondimenti su quanto è successo in questa e altre crisi. Dedico il prossimo paragrafo a illustrarne il paradigma di ricerca e il prossimo capitolo a mostrare le raccomandazioni di politica economica.

I modelli con agenti eterogenei interagenti: una via di fuga dall'economia assiomatica.

> La ricerca economica di frontiera del XXI secolo è entrata nell'era post-neoclassica. Sebbene la maggior parte dei libri di testo, specialmente quelli dei corsi post-laurea, faccia ancora riferimento alla teoria neoclassica ortodossa, ciò non riflette piú realmente il modo di pensare di quegli economisti che lavorano alla frontiera della disciplina, compresi coloro che si collocano in seno al *mainstream*. Il dominio dell'ortodossia neoclassica è finito, e la disciplina ai suoi livelli piú avanzati è alla ricerca di un'alternativa.
>
> DAVID COLANDER

Rosser (2009), sostiene che «durante i periodi di sconvolgimento, quando la preesistente ortodossia è in crisi e sta per essere sostituita, il *mainstream* se ne allontana, impegnandosi nel tentativo di sostituirla senza necessariamente legarsi a un particolare paradigma».

La situazione è simile, come abbiamo visto, a quella che si verificò quando il sistema tolemaico stava entrando in crisi, ma non c'era ancora un sistema alternativo come sarebbe poi stato quello copernicano. Il suo abbandono non fu subitaneo. Aristarco e l'eliocentrismo furono dimenticati e il sistema di Tolomeo vinse e regnò per secoli. Del resto i pianeti continuavano a roteare indipendentemente dalle nostre teorie sul loro moto. Epicicli su epicicli continuarono ad essere aggiunti al sistema geocentrico (un po' come fa l'economia dominante, lo abbiamo detto, inserendo banche, eterogeneità e imperfezioni varie) e, mentre i roghi destinati agli eretici eliocentrici illuminavano le piazze d'Europa, la Terra continuava il proprio moto attorno al Sole incurante di Tolomeo. Ma se è vero che è piú facile far cambiare idea alle persone che far modificare le leggi alla fisica (o come disse Einstein, che è comunque piú semplice rompere un atomo che sconfiggere un pregiudizio), la questione diventa rilevante se si tratta dell'economia che influisce direttamente sulla vita di ogni uomo. E, comunque, vale la pena di ricordare che il sistema tolemaico alla fine è crollato perché non ha piú saputo riconciliare teoria e realtà. In economia avverrà lo stesso: il sistema teorico sta già implodendo e un nuovo paradigma diviene necessario.

A mio parere la rifondazione dell'economia necessita di un fondamentale passaggio: dall'*homo oeconomicus* all'agente sociale che apprende dalla propria e dall'altrui esperienza. Si tratta quindi di abbandonare non solo il metodo della fisica riduzionista e meccanicista, ma di andare oltre la fisica stessa riconoscendo che gli agenti economici sono atomi che pensano e apprendono. Il teorema del «tutto è possibile» costituisce il nucleo formale della *pars destruens* della teoria economica *mainstream*. La ricerca sui «modelli ad agenti» (*Agent Based Models*, ABM) rappresenta la *pars construens*, una cassetta degli strumenti ancora in divenire, ma già dirimente rispetto all'ottimalità del *mainstream*. I modelli ad agenti hanno le potenzialità necessarie a raccogliere la sfida, ma il loro sviluppo non è ancora pronto a offrire un nuovo e completo paradigma.

La formulazione piú semplice di tali modelli è che, a causa di imperfezioni soprattutto informative, gli agenti interagiscono, si forma endogenamente un'eterogeneità tra gli stessi (dimensioni, tecnologia, indebitamento, reti commerciali e di credito ecc.) che cambia nel tempo e le relazioni macro *emergono* dalle interazioni stesse.

Come si è chiarito in precedenza, l'economia assiomatica adotta il metodo riduzionista e meccanicista della fisica di Newton applicandolo al singolo agente. L'estensione a tutta l'economia viene legittimata dall'ipotesi che l'agente sia rappresentativo: se tutti gli agenti sono uguali tra loro e non esiste nessuna esternalità (l'azione di un agente è ininfluente su quella degli altri) il comportamento macroeconomico sarà identico a quello individuale, solo piú in grande. Quindi sarà sufficiente moltiplicare ciò che fa un singolo agente per il numero totale di agenti.

Attualmente, la microfondazione della macroeconomia, cioè il tentativo di spiegare come va l'economia sulla base del comportamento individuale degli agenti (famiglie, banche e imprese), segue due approcci: quello di equilibrio DSGE e quello degli ABM.

Il modello DSGE, cioè il dominante, che abbiamo esaminato finora, sappiamo che utilizza l'agente rappresentativo o piú classi di agenti eterogenei purché la loro numerosità e proporzione non cambi nel tempo (si ricordi che nel modello di equilibrio generale non c'è posto per le innovazioni endogene) e purché non ci sia interazione diretta tra gli agenti. È importante notare che se due agenti, A e B, interagiscono direttamente tra loro, dànno origine a un nuovo tipo di agente, C, che è differente dagli altri due che lo hanno generato: non si può piú utilizzare l'agente rappresentativo a priori e cosí il ponte micro-macro crolla. Val la pena di enfatizzare che senza interazione ed eterogeneità non ci sono problemi di coordinamento e crisi, ma, invero, non esistono né scambi né mercati.

Gli ABM, invece, hanno due approcci: uno computazionale e uno analitico. Quest'ultimo fornisce un fondamento teorico basato sulla dinamica del «campo medio»[14], derivato dalla fisica statistica e reso popolare dal Santa Fe Institute: analizza gli agenti economici come «atomi sociali», cioè atomi che si relazionano. È, quindi, un approccio fondato su agenti eterogenei che interagiscono direttamente tra loro e perciò si muovono in un contesto d'informazione parziale e hanno una razionalità limitata[15].

Ma che cosa sono in poche parole gli ABM? I «mo-

[14] L'«interazione di campo medio» (*mean-field*) è una forma d'interazione indiretta che interpreta probabilisticamente il comportamento micro. Questa interpretazione dell'interazione deriva dall'analisi dei sistemi complessi secondo la prospettiva della meccanica statistica e consente di spiegare le transizioni di agenti fra stati in conseguenza di una miriade incontrollabile di interazioni, che a livello micro avvengono ma non è possibile osservare direttamente se non riconducendo il sistema a una famiglia di gruppi, ciascuno composto di soggetti «mediamente» simili rispetto ad alcuni caratteri. Supponendo quindi che due o piú gruppi entrino in interazione, questa prospettiva consente di stimare la probabilità che da ciascun gruppo esca un certo numero di individui e che un certo altro numero di individui vi entri, tutto in dipendenza da una fenomenologia microfondata e da alcune quantità macroscopiche (ma a livello, appunto, di campo) che orientano il sistema.

[15] Tesfatsion e Judd (2006), forniscono una panoramica ampia e dettagliata delle sue applicazioni in molti campi dell'economia (dall'innovazione al lavoro, dai mercati finanziari al credito); mentre Farmer e Foley (2009) si concentrano soprattutto sull'incapacità dei modelli DSGE di spiegare la realtà poiché utilizzano ipotesi troppo astratte e irrealistiche, e dimostrano la necessità e l'urgenza di adottare gli ABM. Soprattutto in Europa, ma anche in Giappone e negli Stati Uniti, esistono numerosi centri di ricerca sugli ABM: Amsterdam in Olanda; Sussex e Oxford, in Inghilterra; Bordeaux e Parigi, in Francia; Genova, Milano (Università Cattolica), Pisa e Ancona, in Italia; Bielefeld e Kiel, in Germania.

delli ad agenti» sono rappresentazioni astratte della realtà, in cui:

– una molteplicità di agenti interagiscono tra loro e con l'ambiente;

– gli agenti sono autonomi, ossia non esiste alcun regolatore centrale sul loro comportamento;

– gli agenti possono essere molto eterogenei e si presuppone che gli stessi agiscano di conseguenza (tipicamente la distribuzione di reddito e ricchezza è paragonabile a una situazione in cui la stragrande maggioranza degli agenti si muove a 3,5 metri al secondo, l'1 per cento a 100 chilometri al secondo e lo 0,1 per cento alla velocità della luce).

In altre parole, gli ABM sono strumenti impiegati per studiare l'economia come un sistema adattativo complesso, un sistema dinamico, come in effetti è, cioè composto da molti agenti interagenti che si adattano a un ambiente che cambia in conseguenza delle loro azioni. Le unità di base degli ABM sono gli agenti (dagli individui ai gruppi sociali organizzati per svolgere compiti economici, come famiglie, imprese e banche). Essi possono anche essere aggregati di altri agenti come industrie o Paesi e sono caratterizzati da eterogeneità persistente e rilevante. In un quadro di ABM in cui gli agenti sono eterogenei, le variabili aggregate che sono il focus dell'analisi macroeconomica, come il consumo, il risparmio, gli investimenti, il reddito disponibile, sono calcolate dal basso verso l'alto, cioè sommando i valori prodotti dall'azione di tutti gli agenti. Visto che l'informazione a disposizione degli agenti è limitata, le loro scelte non possono piú essere ottimali, come nella teoria assiomatica, bensí *soddisfacenti*.

Gli ABM possono essere falsificati a livello individuale, di settore o aggregato e le ipotesi sui comportamenti individuali (e sulle varie interazioni) possono essere modificate. Essendo modelli costruiti dal basso, *modellano*, appunto, il comportamento dei singoli agenti. Ad esempio, il tipo di lavoro e la retribuzione dipendono da ciò che si ritiene soddisfacente, ma anche dalla retribuzione dei colleghi. Tale relazione può essere falsificata, grazie a esperimenti economici o test econometrici, e quindi sostituita con un'altra, piú robusta, magari proveniente da altre scienze sociali o dall'economia comportamentale. Si noti che la falsificabilità vale a livello individuale, ma anche di settore, a piú livelli. Modellare il comportamento individuale negli ABM implica che l'insieme non è uguale alla somma delle sue parti come nel riduzionismo degli assiomatici. Per questi nuovi paradigmi il comportamento aggregato può essere ricavato osservando il comportamento dei singoli agenti. Mentre, come sappiamo, il riduzionismo è implicito nel paradigma dell'agente rappresentativo, cioè quello dominante che sostiene che l'intera società può essere analizzata in termini del comportamento di un unico rappresentante, è invece del tutto incompatibile con la metodologia ABM per via dell'interazione diretta tra agente e agente, e non piú mediata solo dal mercato. L'interazione crea quell'esternalità che genera quanto descrive l'*olismo*, cioè che le proprietà del sistema non possono essere spiegate dalla somma delle sue componenti. Piuttosto le caratteristiche del sistema nel suo complesso determinano il comportamento del singolo[16].

Questo approccio ha guadagnato una rinnovata popolarità negli ultimi decenni del XX secolo come «scienza della complessità»: i «modelli ad agenti», gli ABM, sono caratterizzati dal fatto che i risultati aggregati (l'intero) sono calcolati come somma delle singole caratteristiche (le sue parti). Tuttavia, il compor-

[16] Come tale, l'olismo è strettamente correlato all'*organicismo*, una dottrina biologica che sottolinea l'importanza dell'organizzazione piuttosto che della composizione degli organismi.

tamento dell'aggregato che ne risulta è spesso differente dal comportamento dei singoli agenti, cosa che porta alla scoperta di proprietà emergenti. In questo senso, il *tutto* è piú della somma delle sue *parti* («*More is different*», insegna Philip Anderson, premio Nobel per la Fisica nel 1977).

Mentre nei modelli economici tradizionali, ad agente rappresentativo, l'equilibrio è uno stato in cui la domanda (individuale e aggregata) uguaglia l'offerta, negli ABM la nozione di equilibrio è statistica, cioè l'equilibrio aggregato *è compatibile* con lo squilibrio individuale. L'equilibrio statistico non richiede che ogni singolo elemento sia in equilibrio, ma piuttosto che le distribuzioni siano stabili, vale a dire «in uno stato di equilibrio a livello macroscopico mantenuto da movimenti a livello microscopico in direzioni opposte» (Feller, 1957; 3ª ed. 1968, p. 356).

Grazie alla potenza computazionale dei computer siamo oggi in grado di modellare economie dell'ordine di centinaia di migliaia di agenti in molti mercati. Le simulazioni usate in molte discipline, anche in scienze non sociali come la biologia, la matematica non lineare o l'ingegneria, paradossalmente però non vengono impiegate in economia dove solo la formalizzazione matematica è considerata sinonimo di rigore e scientificità.

Eppure la simulazione dà anche la possibilità di aggregare, di passare quindi dall'analisi del comportamento individuale a quella del comportamento aggregato, ovvero dal micro al macro, in modo perfetto: si realizza cosí il sogno degli assiomatici, ovvero fondare sul comportamento di ogni singolo soggetto quello dell'aggregato (l'obiettivo però è che se c'è una valanga, non ci interessa sapere quale fiocco di neve ne è responsabile, ma semmai la probabilità che si verifichi).

Gli ABM sono ormai usati per analizzare i piú diversi aspetti della macroeconomia, le crisi e i cicli, le distribuzioni di ricchezza, reddito e dimensione d'impresa, i mercati finanziari e il modo in cui le strutture di mercato rispondono al cambiamento tecnologico. Nessun modello assiomatico si avvicina per successi empirici agli ABM (anche perché il primo, quello dominante, per spiegare la disoccupazione ha bisogno di un modello con lavoratori stupidotti, di un altro per spiegare le rigidità dei prezzi, di un altro ancora per ottenere una qualche motivazione per il razionamento del credito, e cosí via per tutti quei fenomeni patologici che il dottor Pangloss non contempla in quanto ritiene che questo sia *il migliore dei mondi possibili*).

Un ulteriore campo di sviluppo di molti ABM è stato lo studio della dinamica dell'apprendimento e dell'approccio comportamentale sperimentale. E ancora, infine, un'altra area attualmente d'interesse per l'applicazione degli ABM è quella dell'analisi delle reti (quando due agenti interagiscono entrano in contatto, cioè sono nodi che si legano: una topologia di rete).

La ricerca è ancora lontana dall'essere completa, soprattutto per quanto riguarda la verifica empirica di modelli aggregati, ma è già piú efficace nello spiegare la realtà di quanto non abbiano fatto finora e continuino a fare i modelli DSGE che dominano la scena economica. Anche se gli ABM non costituiscono certo una panacea per la crisi, è indiscutibile che forniscono suggerimenti di politica economica sconosciuti nella modellistica tradizionale. Liberati dalle camicie di forza dell'equilibrio e dell'agente rappresentativo che funziona solo con un bene unico e un mercato unico, ci si può dedicare finalmente a investigare la potenzialità di agenti che interagiscono e le loro proprietà emergenti.

Capitolo terzo
L'economia della crisi

> Non possiamo pretendere che le cose cambino se continuiamo a fare le stesse cose.
>
> ALBERT EINSTEIN

> Si dice che, a volte, è sufficiente un cambiamento di prospettiva per vedere la luce. Ma ricordatevi comunque di aprire gli occhi.
>
> DOMENICO DELLI GATTI

La profondità e la durata dell'attuale crisi è al di fuori della normale portata di quelle succedutesi dopo la Seconda guerra mondiale, nonostante il fatto che gli interventi in materia di politica fiscale e monetaria siano stati senza precedenti nella storia del capitalismo.

Il trauma che stiamo vivendo in questo momento assomiglia al dramma che abbiamo vissuto ottant'anni fa, durante la Grande Depressione, ed è stato provocato dalla stessa causa (l'aumento della produttività molto maggiore di quello della domanda) a cui si aggiunge oggi la globalizzazionc.

Se guardiamo ai dati sull'andamento del Pil durante gli anni delle due maggiori crisi, notiamo che la Grande Depressione è stata un fenomeno soprattutto statunitense, molto violento in termini di caduta di produzione e di occupazione, di durata lunga, ma non lunghissima: la ripresa si ebbe nel 1933 (negli Usa a partire dal 1934) e i livelli di Pil precrisi furono recuperati già in quell'anno (nel 1937 in Usa e in Germania). Questa volta, nella crisi che ci riguarda piú da vicino, la caduta del Pil appare meno profonda, sebbene temporalmente piú lunga. Alcuni Paesi sembrano esserne usciti già nel 2011 mentre altri conoscono il fenomeno della doppia-tripla recessione, con livelli di prodotto ancora lontani da quelli del 2007.

Se noi continuiamo a rispondere in modo inappropriato o con gli stessi strumenti neoliberisti che l'hanno favorita, questa crisi durerà ancora a lungo e il parallelo con la Grande Depressione assumerà una nuova dimensione tragica[1].

Ci sono due ragioni per questa Grande Recessione. Una è la maggiore produttività: la stessa dinamica che ha rivoluzionato l'industria, sostituendo le macchine agli operai e costringendo la maggioranza di loro a cercare lavoro altrove. L'altra è la globalizzazione, che ha inviato milioni di posti di lavoro in Paesi a basso salario o in Paesi che hanno investito di piú nelle infrastrutture o nella tecnologia, e prodotto una forte moderazione salariale. Per un certo tempo la bolla immobiliare ha nascosto il problema creando una domanda artificiale, che a sua volta ha creato posti di lavoro nel settore finanziario, nelle costruzioni e altrove.

Politiche economiche possibili. Senza farsi guidare da due asini ciechi nel deserto alla ricerca di un'oasi.

Articolerò queste riflessioni attorno a otto punti[2]. Il primo è quello della riqualificazione della spesa pubblica, cui seguono il recupero dell'evasione fiscale e l'azzeramento degli oneri finanziari. Allargando al piú ampio orizzonte dell'Europa, le prime azioni di politica econo-

[1] La disoccupazione a due cifre (cioè oltre il 10 per cento) sembra preoccupare gli *assiomatici* poiché rigidità varie non permettono quella benefica caduta dei salari che autocorreggerebbe il problema. Ma questo non è che un caso da manuale sul come tralasciare un aspetto solo perché la teoria non lo contempla (né può contemplarlo in quanto è un'esternalità, che abbiamo visto non essere inclusa nei teoremi degli assiomatici): bassi salari e bassi redditi, semplicemente, *riducono* la domanda, indebolendo ulteriormente l'economia. Devo però riconoscere che se i salari scendessero da 1000 a 10 euro al mese, saremmo piú competitivi.

[2] Le proposte di politica economica per uscire dalla crisi che vengono avanzate in questo capitolo sono basate anche sul *Modellaccio ad agenti* già citato, cfr. *supra*, cap. I, nota 3, p. 5.

mica in agenda dovrebbero essere quelle di monetizzare il debito pubblico e, piú in generale, di promuovere interventi mirati a privilegiare il benessere dei popoli. Sulla sostenibilità, la redistribuzione e la prevedibilità delle crisi finanziarie si deve (e si può) agire su tre fronti: inventare lavori sostenibili; concepire nuove politiche redistributive, per salvare le persone e non solo le banche; e infine, come se fosse un terremoto, prevedere le crisi.

1. *Riqualificazione della spesa pubblica.*

L'Italia è un Paese con un debito pubblico storicamente elevato (come quasi tutti i Paesi a sviluppo recente, che sono anche quelli maggiormente colpiti dalla crisi: i PIGS, Portogallo, Irlanda o Italia, Grecia e Spagna). Il debito è stato superiore al Pil al 60 per cento (e in molti casi ben di piú) dall'Unità a oggi in 113 anni. Il periodo tra l'indomani della Seconda guerra mondiale e gli anni Settanta, quando il peso del debito è, in media, ben al di sotto del 35 per cento, appare come un'eccezione.

Dopo l'unificazione del Paese, venne istituito il Gran libro del debito pubblico dove vennero fatte confluire le passività degli Stati che avevano formato lo Stato unitario[3]. La storiografia individua quattro fasi di accumulazione del debito: la prima caratterizza tutta la seconda parte del XIX secolo, con un massimo assoluto nella seconda metà degli anni Novanta dell'Ottocento; la seconda e la terza (i cui massimi sono raggiunti nel 1920 e nel 1943) sono connesse con le due guerre mondiali. La quarta dura tuttora.

Due episodi di rientro dal debito sono stati repentini e traumatici. Si tratta degli aggiustamenti seguiti ai

[3] Il 10 luglio 1861 fu promulgato il provvedimento che istituiva il Gran libro del debito pubblico del Regno d'Italia, mentre l'unificazione dei debiti degli Stati preunitari fu stabilita con la legge del 4 agosto 1861.

conflitti mondiali e si devono, il primo, al suo ripudio e, il secondo, all'iperinflazione. Mentre nel caso degli anni di fine Ottocento, il rientro viene spesso imputato al combinato disposto di bassi tassi d'interesse e crescita sostenuta. E oggi? Di seguito vedremo come potremmo fare.

Si vuol far credere che il debito pubblico italiano sia attualmente molto elevato perché nel passato la spesa pubblica è stata troppo alta.

Il debito pubblico viene di solito correlato al Pil, sebbene non vi sia alcuna ragione per adottare tale misura. Difficile non citare il famoso lavoro di Carmen Reinhart e Kenneth Rogoff (2010), nel quale si evidenzia l'esistenza di una fortissima influenza del rapporto debito/Pil (maggiore del 90 per cento) su una bassa crescita che ha ispirato misure di *austerity*, ma che poi si è scoperto essere inficiato da gravi problemi metodologici, e quindi da dimenticare in fretta. La stessa sorte che si augurano gli autori italiani di lavori sull'«austerità espansiva». Sta di fatto però che un obiettivo centrale delle politiche economiche in molti Paesi è ancora la riduzione del suddetto rapporto in questione a un dato (arbitrario) valore, o anche la sua stabilizzazione. Le politiche adottate a tali scopi consistono in aumenti delle imposte e/o tagli alla spesa pubblica, il cui effetto atteso è la riduzione del rapporto tra debito pubblico e Pil rispetto al valore che si registrebbe in assenza di tali politiche (che sono suggerite dal falso mito dell'austerità espansiva). A sostegno di questa visione è stata prodotta una grande quantità di «studi» volti a mostrare che i valori dei *moltiplicatori fiscali*, cioè la quantificazione degli effetti della politica fiscale di un determinato governo sulla crescita o decrescita del Pil, sono particolarmente bassi quando un'amministrazione punta sull'austerità.

Se, per contro, si adotta l'impostazione che vede nella domanda la determinante del livello del prodotto interno, gli effetti depressivi, di breve e di lungo termine, provocati da politiche restrittive emergono nella loro potenziale rilevanza economica e sociale. Non solo. L'effetto sul rapporto debito pubblico/prodotto interno può risultare «perverso», e cioè risolversi in un aumento del rapporto, in conseguenza di una variazione negativa del prodotto interno proporzionalmente maggiore di quella dello stock del debito pubblico (Ciccone, 2012).

Da questo deriva la possibilità di un crescendo di manovre restrittive e conseguenti cadute dei livelli di produzione e occupazione. Emerge, per converso, che la strategia piú efficace ai fini di una riduzione del rapporto tra debito pubblico e prodotto interno – ove della riduzione di tale rapporto si faccia comunque un obiettivo da perseguire – può essere una politica che, anche mediante opportuni programmi di spesa pubblica, espanda persistentemente la domanda aggregata, e quindi il trend del prodotto interno, cosí che questo si innalzi relativamente all'andamento dello stock del debito pubblico (*ibid.*).

Pur se il Grande libro del debito pubblico italiano è pieno di intollerabili sprechi, segnali di corruzione quasi endemica, insopportabili per qualsiasi comunità civile, e composizione della spesa che il commentatore piú benevolo non può che definire *ridicolmente miope*, il volume della spesa pubblica italiana primaria (escluso cioè il pagamento degli interessi sul debito) resta al di sotto della media dei Paesi europei, pur in presenza di un rapporto debito/Pil piú elevato.

La dimensione del debito pubblico, il suo rapporto con il Pil e quello deficit/Pil stanno tormentando le nostre esistenze. Esistono ragioni specifiche per perseguire tali misure? Vale la pena di domandarselo perché il debito pubblico non può diventare la scusante né per le politiche di austerità, né per rendere le future generazioni serve del debito come «servi della gleba» o *peones*, costretti cioè a lavorare per ripagare gli oneri finanziari sul debito.

Lo Stato già lo è, ma deve accelerare il suo ruolo di imprenditore che non miri esclusivamente al profitto, ma al benessere dei cittadini, quelli di oggi e anche quelli futuri. Non abbiamo bisogno di panettoni di Stato, ma di sanità e istruzione per tutti, indipendentemente dal reddito (Mazzucato, 2013).

Naturalmente non voglio negare gli effetti redistributivi di un aumento del carico fiscale mirato a ridurre il debito pubblico: è evidente che i soggetti colpiti dal maggior prelievo non coincideranno con i sottoscrittori dei titoli del debito pubblico. In genere ai ricchi sottoscrittori del debito saranno i poveri che dovranno pagare gli oneri finanziari. Si può stimare che tale processo corrisponda a una redistribuzione del reddito del 7 per cento annuo negli ultimi trent'anni. La spesa pubblica italiana annua per cittadino, al netto degli interessi, è inferiore di oltre 2000 euro rispetto alla spesa media dell'Eurozona. E persino considerando gli interessi sul debito, che – come è ben noto – restano piú alti di quelli tedeschi e francesi, la spesa pubblica pro capite italiana è inferiore alla media europea.

Il problema del debito pubblico italiano non deriva dunque da un eccesso di spesa statale, ma dal fatto che lo Stato spende male. Per esemplificare un po', si supponga che lo Stato investa 10 euro in educazione stradale, e poi spenda 600 euro in interventi sanitari derivati da incidenti stradali (ore di lavoro perse sia dell'infortunato sia del medico, pensioni ecc.); investendo invece 100 euro in divulgazione e formazione si può calcolare che la conseguente spesa infortunistica sarebbe pari a 200. In termini costi-benefici, lo Stato spenderà 610 euro nel primo caso e 300 nel secondo[4]. E lo stesso dovrebbe valere per la spesa produttiva: una grande opera, come il ponte sullo Stretto (del resto se il buon Dio creò separate Sicilia e Calabria, avrà avu-

[4] Traggo i dati da un progetto per la Regione Marche, effettuato da Piergiorgio Bontempi. Certo però che il Pil che comprende le spese mediche e funerarie diminuirebbe.

to le sue ragioni), contro miriadi di piccole iniziative, come il recupero dell'edilizia scolastica. Il tutto è poi aggravato dall'evasione e dalla spesa per interessi. Se ci concentrassimo sul modo in cui tagliare la spesa pubblica e non sulla maniera per riqualificarla al fine di abbattere il debito pubblico abbaieremmo all'albero sbagliato. La ricetta per un fallimento perfetto verso cui siamo lanciati è infatti:

– non riqualificare la spesa pubblica, ossia limitarsi a tagliarla e basta[5];

– avere poche entrate (a causa di elusione ed evasione);

– avere elevati tassi d'interesse, cioè oneri finanziari esorbitanti.

In una prospettiva a breve o medio termine, occorre pensare anche a una ripresa degli investimenti pubblici verdi, che riducano la dipendenza dalle fonti fossili in favore delle energie rinnovabili e introducano *smart grids*, le reti «intelligenti» di distribuzione dell'energia che migliorano l'efficienza energetica di edifici e macchine. La riduzione della bolletta energetica ci consentirebbe di lavorare di meno per i produttori di petrolio e, volendo, di piú per noi oppure di goderci i programmi di cucina in tivvú (senza contare che stimolerebbe anche i consumi secondo le economie tradizionali); e di preservare l'ambiente per le generazioni future.

Esistono pochi italiani (o nessuno) che credono che lo Stato spenda bene, qualsiasi cosa questo bene voglia dire. Ci sono però aspetti che appaiono ora non piú rinviabili.

[5] Gli effetti del rigore fiscale dettato dal Washington Consensus (cioè il neoliberismo del Fondo monetario internazionale e del Tesoro degli Usa) sono sotto gli occhi di tutti tranne di chi si ostina a dire che piú tasse equivalgono a meno spesa, dimenticando ciò che la scuola italiana di finanza pubblica insegna da oltre un secolo: la tassazione progressiva è redistributiva, cioè favorisce il reddito di tutti, non solo dei meno abbienti.

Abbiamo visto che secondo l'economia assiomatica il livello di produzione di un'economia è determinato dall'equilibrio del mercato, che viene a costituire una specie di punto di attrazione. Questo limite non è superabile per via della piena occupazione (cioè assenza di disoccupazione) e un aumento della spesa pubblica che non incide sul debito (perché il reddito nazionale riesce a dare lavoro a tutti) non serve a nulla, se non a cambiare la composizione del Pil (tra privato e pubblico). Se invece la spesa pubblica viene fatta gravando sul debito, il reddito può aumentare, ma solo per poco tempo: se non si riesce a indebitarsi sempre di piú, il rientro dal debito provocherà prima o poi un aumento delle tasse. Ancora una volta il modello dominante si deve dimenticare dell'innovazione, cioè di quel processo che ha cambiato il modo di vivere dell'umanità e che non può essere analizzato in un sistema senza tempo né mutamento.

Lo Stato, lo ripeto, deve essere sempre piú imprenditore spendendo in ricerca e istruzione, e quindi generando un aumento di produttività (che finisce col pagare la spesa, mediante le maggiori entrate derivanti dal Pil piú alto). Al solito, dipende molto dalla qualità della spesa. Se lo Stato decide di spendere una certa cifra in ricerca per l'innovazione oppure invece in casini pubblici rendendo gratuite le prestazioni, gli effetti saranno diversi. In un orizzonte, che ho delineato in *Oltre la siepe* (2014) e qui nel capitolo 1, i settori d'intervento della spesa pubblica sono già delineati.

La crisi economica e quella ambientale hanno reso palese che efficienza economica ed efficienza ambientale spingono il sistema globale in direzioni opposte: l'ecologia ci dice che un sistema chiuso non può crescere senza limiti, l'economia ci dice che invece questo è possibile, grazie al *decoupling*[6]. Resterebbe comunque il problema di un'offerta insostenibile dal punto di vista ambientale, per cui occorre agire tutti noi abitanti del pianeta in modo da rispettare la biosfera con produzioni *throughput*[7] che ridisegnino il ciclo di vita dei prodotti mirando ai «rifiuti zero» e al totale riciclaggio dei prodotti stessi[8]. Tutti noi, dal basso. E lo Stato, dall'alto. Quest'ultimo potrebbe farlo in tempi rapidissimi, volendo. Purtroppo è un impegno che va contro la miriade di interessi particolari che si fanno forza di quella teoria che abbiamo visto già rantolante nel capitolo II. Osservo però che una diminuzione della quantità fisica della produzione è perfettamente compatibile con un miglioramento della qualità dei beni e servizi che la compongono. Potremmo avere meno beni, ma – grazie alle innovazioni stimolate dalla ricerca – di migliore qualità, minor impatto ambientale e minor *throughput.*

Siamo incamminati verso una società del terziario avanzato dove non solo i lavori piú sgradevoli sono a

[6] Letteralmente «disaccoppiamento» tra la crescita dell'indicatore di pressione ambientale (misurato ad esempio con le emissioni di CO_2) e quello di crescita del Pil; si noti che se il primo fosse piú alto del secondo, la crescita non sarebbe sostenibile in futuro.

[7] Herman Daly definisce il *throughput* come quel flusso di risorse (energia e materia) che attraversa il processo produttivo, quindi la relazione tra il metabolismo naturale di una risorsa e quello della stessa risorsa che attraversa le società umane. In *Ecological Economics. Principles and Applications* (Daly e Farley, 2010) si delinea la crescita economica come l'incremento del *throughput* che costituisce il flusso delle risorse naturali che dall'ambiente passa attraverso l'economia e ritorna poi nuovamente indietro nell'ambiente, sotto forma di scarto. Si tratta proprio dell'incremento quantitativo delle dimensioni fisiche dell'economia e/o dei rifiuti prodotti dall'economia. Questo tipo di crescita, naturalmente, non può continuare indefinitamente perché la Terra e le sue risorse non sono infinite. Però seppure è evidente che la crescita deve finire, ciò non implica la fine dello sviluppo, che viene definito come il cambiamento *qualitativo*, la realizzazione del potenziale, l'evoluzione verso un migliorato ma non necessariamente piú grande sistema – o struttura: un incremento nella qualità dei beni e dei servizi (dove la qualità si misura dall'abilità di incrementare il benessere umano) provvisto grazie a un dato *throughput.*

[8] Come si è già accennato (cfr. *supra*, cap. I), quella dei «rifiuti zero» è una strategia che riprogetta la vita ciclica delle risorse in modo tale da riutilizzare tutti i prodotti, facendo tendere la quantità di rifiuti allo zero. Il processo non fa altro che emulare il riutilizzo delle risorse fatto dalla natura.

carico della meccanizzazione. E dovremmo quindi considerare che il processo di innovazione va guidato verso processi sostenibili, verso un'economia dell'apprendimento e nuovi lavori dematerializzati.

2. *Recupero dell'evasione fiscale: come fosse normale considerare un ladro chi evade o chi spreca i soldi della comunità.*

Da noi chi può evade. Questo mette in moto un meccanismo perverso in cui la parte piú povera e/o quella piú (volontariamente o meno) onesta della popolazione finanzia le classi piú ricche mediante una maggior pressione fiscale effettiva, servizi pubblici inadeguati e tassi d'interesse elevati (con effetti depressivi su investimenti, occupazione e benessere delle generazioni future). Il problema della qualità della spesa va di pari passo con quello dell'evasione fiscale e ne è il corrispettivo. Stando cosí le cose, come sorprendersi se la disuguaglianza aumenta a scapito delle generazioni piú giovani e dei meno abbienti? Se soffrite di letargia vi consiglierei *Ladri* di Livadiotti (2014). La vostra coscienza civica non vi lascerà dormire dopo aver scoperto che il fisco sa nomi e cognomi di chi evade, ma non fa nulla.

Di seguito propongo una politica possibile.

L'evasione fiscale in Italia è ormai una malattia cronica e mai davvero combattuta[9], favorita da un sistema tributario troppo complesso[10] e da un esteso partito de-

[9] Il sommerso è stato stimato come il 17,9 per cento del Pil nel 1992 e il 17,5 nel 2008, ossia in termini di imposte evase il 4 per cento del Pil. Se nella Seconda Repubblica l'evasione fosse stata effettivamente combattuta, il rapporto debito/Pil sarebbe oggi del 60 per cento!

[10] Secondo le stime del Fondo monetario internazionale l'indice di complessità del sistema tributario da noi è 134 contro la media stimata dall'Organizzazione per la cooperazione e lo sviluppo economico (Ocse) di 62. Fuà e Rosini *lamentavano* i pericoli di tale sistema già nel 1985.

gli evasori[11], ma soprattutto da una mortificante assenza di senso civico che ci spinge a considerare lo Stato come un'entità esterna e spesso ostile. Occorrerà dunque: combattere l'evasione; ma, nello stesso tempo, riqualificare la spesa, ora percepita, secondo i dati della World Bank, come la peggiore in Europa; abbassare la tassazione sulla produzione di reddito e aumentare quella su rendite e ricchezza (di quel famigerato «uno per cento» di ricconi); e incrementare la spesa in ricerca e sviluppo[12].

Appare necessario inoltre introdurre una riforma fiscale che renda il fisco piú semplice con normative semplificate e accorpamento delle imposte minori oltre alla digitalizzazione dei pagamenti. A proposito di quest'ultimo aspetto una strada percorribile è quella dell'eliminazione del contante, un esperimento introdotto in Corea del Sud nel 1999, quando il sommerso sul Pil era del 18 per cento: tecnicamente, si introdusse un sistema di deduzioni fiscali per acquisti effettuati elettronicamente e le ricevute di tali transazioni entrarono in una lotteria nazionale. Il risultato cosí ottenuto è valso quasi il 2 per cento del Pil. Evidentemente, però, il dato non fa effetto agli amministratori nostrani che hanno di recente previsto l'innalzamento del tetto nell'uso del contante a 3000 euro (cosa che non può che favorire evasione e sommerso).

Analogamente, un aiuto potrà venire dalla tecnologia: i *Mobile Proximity Payments*, cioè i pagamenti elettronici «di prossimità» in cui l'acquirente paga connettendo wireless il suo dispositivo elettronico con quello del commerciante, esistono già (i Google Wallet, ad esempio), ma sono ancora marginali. Potenzialmente, la *Near Field Communication* (la «comunicazione in prossimità»,

[11] La ripartizione lavoratori autonomi - lavoratori dipendenti sul totale degli occupati è 32% e 68% rispettivamente: in Europa 10 e 90. Le entrate fiscali dai dipendenti però sono quasi 10 volte piú alte (127 miliardi di euro contro 14).

[12] In Italia, la spesa in ricerca e sviluppo sul Pil è dell'1,3 per cento (il 44 per cento viene dal settore privato), mentre in Germania è del 2,9 per cento (di cui il 66 per cento dal privato).

appunto) potrebbe diventare un mezzo di pagamento di uso corrente, come le carte di credito. In tale prospettiva, la Gran Bretagna ha proposto di eliminare la moneta cartacea, per rendere ogni transazione verificabile in modo da diminuire l'evasione fiscale.

Nel frattempo si possono verificare i grandi patrimoni. Nel nostro Paese, il 10 per cento delle famiglie piú ricche possiede il 47 per cento della ricchezza netta familiare totale secondo l'indagine sui *Bilanci delle famiglie italiane nell'anno 2010* della Banca d'Italia (2012). Che mostra come il 10 per cento delle famiglie con il reddito piú basso percepisce il 2 per cento del totale dei redditi prodotti mentre il 10 per cento di quelle con redditi piú elevati percepisce invece una quota del reddito pari al 26 per cento.

3. *Azzeramento degli oneri finanziari.*

Il pagamento degli oneri finanziari sul debito costituisce la seconda gamba del disastro annunciato: lo Stato italiano ha pagato tassi sul debito piú elevati dei partner europei. Ciò dipende dalla mancata monetizzazione del deficit che è stata la conseguenza del divorzio fra Tesoro e Banca d'Italia (per cui lo Stato riesce a collocare i titoli del debito, cioè i Buoni del Tesoro, sul mercato solo a prezzo di interessi elevati, perché non c'è piú il paracadute della Banca d'Italia che acquista tutti i titoli rimasti invenduti), e da due caratteristiche strutturali dei Paesi di cui abbiamo già ricordato l'acronimo-soprannome, PIGS: eccesso delle importazioni sulle esportazioni – che viene compensato da un avanzo della bilancia dei capitali (afflussi di capitali attratti da tassi particolarmente invitanti) – e inflazione alta.

Ho già detto prima che occorre spendere poco in oneri finanziari, ma quello che gli economisti chiamano *quantitative easing*, cioè una politica di bassi tassi d'interesse da parte della Banca centrale, deve diventare un obiettivo in orizzonti caratterizzati da una bassa crescita (la sostenibilità non viene indicata dai parametri di deficit/debito rispetto al Pil, ma dai rispettivi tassi di crescita, ossia, come Minsky insegnava, del confronto fra tasso d'interesse e di profitto). Per questo occorre una grande unione monetaria, tipo un euro con fondazioni diverse, non neoliberiste. Che magari superi l'obiettivo di bassa inflazione (ora cosí bassa da essere negativa) e lo avvicini e associ a obiettivi di occupazione, anche. Ricordava Keynes che solo una banca centrale sotto il controllo pubblico può combattere la disoccupazione, fornendo la moneta che serve. Sennò ci saranno sempre interessi privati che contrastano con quelli pubblici. Come i tassi d'interesse elevati che sono profitti per le banche, ma mangiano il nostro futuro deprimendo la spesa in ricerca e gli investimenti di oggi.

Come nota Fitoussi (1997), il tasso d'interesse non è altro che il valore inversamente proporzionale all'importanza che attribuiamo al futuro: piú alto è, meno ci preoccupiamo delle generazioni future e maggiore è la redistribuzione alla *dooH niboR*[13]. Cosí deprimiamo la domanda, e in particolare gli investimenti e quindi il *moltiplicatore* (cioè quello che ci dice quanto si moltiplica la domanda grazie agli investimenti, che quindi crea nuovi investimenti e cosí via moltiplicando). Ma sono gli investimenti che costituiscono la base del nostro futuro. Quando privilegiamo i consumi correnti al futuro, svalutiamo le future generazioni comportandoci da miopi e avidi *rentiers*. Uno potrebbe citare Groucho Marx: «Perché dovrei preoccuparmi per le future gene-

[13] Cioè «Robin Hood» al contrario: rubo ai poveri per dare ai ricchi... Se svaluto il futuro rispetto al presente, il prezzo di un titolo che oggi valuto 100, sono disposto a pagarlo domani 120 con tasso d'interesse del 20 per cento; se invece valutassi il domani come il presente, il prezzo sarebbe identico e il tasso d'interesse pari a zero.

razioni? Che cosa hanno fatto loro per me?» Ma il tasso d'interesse deve avvicinarsi allo zero anche per togliere risorse a chi vive di rendita.

Infine, non sarà del tutto inutile ricordare che da oltre vent'anni l'Italia conosce un avanzo primario della spesa statale, cioè al netto degli interessi: le nuove emissioni servono in pratica per la gestione del debito e non, ad esempio, per pagare pensioni o stipendi dei dipendenti pubblici. Una tentazione forte per quanti propongono di ristrutturare il debito e un segnale di maldistribuzione di spesa e inutile imposizione fiscale.

4. *Monetizzare il debito pubblico.*

> Molti ateniesi ricondussi nella patria divina che erano stati venduti [...] e molti che erano stati spinti a fuggire per l'oppressione dei debiti.
>
> SOLONE

Da piú parti è giunta la proposta d'intervenire sul nostro debito pubblico ristrutturandolo, per pagare meno e piú tardi i possessori di titoli di Stato, banche e fondi stranieri soprattutto, se possibile tutelando i piccoli risparmiatori[14]. L'allungamento della scadenza dei titoli (ora comunque già lunga: sette anni per l'Italia contro i cinque per gli Usa) permetterebbe di guadagnare tempo consentendo alle riforme (per gli assiomatici) o alle politiche espansive di bilancio (per i keynesiani) di produrre i loro effetti sulla crescita economica. E non a caso economisti di entrambi i fronti sembrano favorire questa strada. Anche perché l'Italia si trova oggi in quella condizione di avanzo primario di cui si è detto.

E proprio qui vorrei intervenire.

[14] Nel 2014 il debito è stato sostenuto da banche e altri intermediari finanziari italiani (35%), famiglie italiane (13%), investitori esteri (30%), Banca centrale europea e Banca d'Italia (10%).

Il Giappone ha un rapporto debito/Pil superiore a 1 dal 1996, mentre gli Usa dal 2010. Entrambi hanno stampato moneta, anche per salvare il sistema finanziario, non producendo inflazione. Non manca chi sostiene che «ci sono pochi dubbi che l'enorme aumento della massa monetaria condurrebbe a un proporzionale aumento dei prezzi». E anche che «storicamente tassi di crescita elevati della massa monetaria si tramutano in uguali tassi di inflazione» (cosí Francesco Lippi e Fabiano Schivardi, il 16 maggio 2014, su «lavoce.info»). Ma questo è un tipico ragionare per modelli in modo assiomatico senza curarsi della realtà economica ed è soprattutto falso. In effetti, dove termina la fede, può iniziare l'analisi della realtà. Come può dunque avvenire che un aumento della moneta non produca inflazione? Gli assiomatici sostengono il dogma che l'inflazione è sempre e comunque un fenomeno monetario. Non può che essere cosí, come si è visto nel capitolo II, in una teoria che fa precedere il settore reale a quello monetario. La moneta facilita gli scambi di beni già prodotti. Punto. Troppa moneta produce inflazione; poca, deflazione.

E allora perché la realtà si ostina a non obbedire al modello assiomatico? Se non c'è inflazione, nonostante la massa di moneta aumenti, mica posso sostenere che ciò avvenga a sua insaputa. Un motivo deve pur esserci. Forse perché gli agenti (banche, imprese, famiglie) hanno comportamenti diversi tra loro, e magari se si dànno soldi alle famiglie queste aumentano la loro domanda di prodotti, facendo crescere i prezzi, mentre se gli stessi soldi li diamo alle banche per salvarle dal fallimento, queste non aumentano la domanda di, chessò, biscotti dietetici? Tormentati da questo dubbio amletico-gasparriano non sembra troppo rischiosa una politica di monetizzazione del debito, cioè stampare moneta, senza effetti sull'inflazione.

Per fare un'operazione simile occorrono però altre due condizioni. La prima è un cambio di mentalità: dovremmo voler salvare i popoli dell'Europa, non solo le sue banche. Non vedo alcuna ragione per stampare moneta per risanare i bilanci delle istituzioni finanziarie fregandocene di chi arranca. Si può proseguire nella linea del rigore, certo. Sarò io che ho un cuore tenero e mi prende ancora piú un groppo in gola se vedo soffrire una persona qualunque di quanto mi capiti con un ricco banchiere? Direi di no. Direi che bisogna stampare per salvare. Come fece la Germania dell'Ovest con la Germania dell'Est. Una cosa possibile se esisteranno gli Stati Uniti d'Europa.

E questo ci porta al secondo punto. Abbandonare l'euro ci condurrebbe ad avere oneri finanziari proibitivi, se ci curiamo ancora della svalutazione. Occorre comunque ripensare l'Unione Europea e riscrivere i trattati con una visione del futuro che non si limiti a replicare le storie del passato e immagini ciò che verrà: un mondo, cioè. Senza Stati né criceti, e il mio libro *Oltre la siepe* cerca di immaginarlo (Gallegati, 2014).

Non credo esista una demarcazione netta nelle scienze sociali. Cosí l'economia si interseca con la storia, ed entrambe si sovrappongono alla politica e alla sociologia. Di per sé questo approccio ripudia il modello unico, la pretesa naturalità dell'economia. Se, per usare le parole di Piketty (2015), «ci sono questioni che sono troppo importanti per essere lasciate agli economisti», il tema dell'uscita dall'euro non fa eccezione. Le sofferenze soprattutto dei Paesi europei piú fragili stanno producendo conseguenze sociali che ci fanno chiedere: quanto resiliente sarà la democrazia in Europa? L'euro ha lasciato i cittadini – soprattutto nei Paesi in crisi – senza voce in capitolo sul destino delle loro economie. Gli elettori hanno ripetutamente mandato a casa i politici al potere, scontenti della direzione dell'economia – ma alla fine i nuovi governi hanno continuato sullo stesso percorso dettato dalla Troika[15].

Ma per quanto tempo può durare questa situazione? E come reagiranno gli elettori? In tutta Europa, abbiamo assistito a un'allarmante crescita di partiti nazionalistici estremi, mentre in alcuni Paesi sono in ascesa forti movimenti separatisti. E per quanto tempo ancora le economie (e le stesse istituzioni democratiche) dei Paesi periferici riusciranno a sopravvivere a un'unione monetaria incompleta e asimmetrica?

Serve un cambiamento strutturale dell'Eurozona se si vuole che l'euro tenga: o ci sarà l'Europa politica (gli Stati Uniti d'Europa, appunto) o non ci sarà l'euro. Coloro che pensavano che l'euro non sarebbe potuto sopravvivere si sono ripetutamente sbagliati. Ma i critici hanno ragione su una cosa: a meno che non venga riformata la struttura dell'Eurozona e fermata l'austerity, l'Europa non si riprenderà.

Condividere una moneta unica costituisce ovviamente un problema poiché si rinuncia a due dei meccanismi tradizionali di aggiustamento: i tassi d'interesse e il cambio tra le monete. Ma con una moneta unica la rinuncia ai classici strumenti di politica economica può essere compensata sostituendoli con qualcos'altro, come una politica fiscale comune e la condivisione dei debiti. Ad oggi, invece, l'Europa non ha messo in campo altro che il *fiscal compact*, cioè un «patto di bilancio» europeo sotto l'egida dell'equilibrio generale, di cui sopra.

Questa crisi non è come tutte le altre poiché è determinata dalla dinamica strutturale del sistema economico a livello mondiale e poiché avviene in piena globalizzazione. Per questo vorrei enfatizzare alcuni dei problemi legati all'uscita dell'Italia dalla moneta unica: cosa pos-

[15] Dal russo *trojka*, «terzina», nella fattispecie: Commissione Europea, Banca centrale europea e Fondo monetario internazionale.

siamo aspettarci dal tramonto dell'euro e perché cercare risposte nella storia può essere fuorviante.

Credo che l'uscita del nostro Paese si tradurrebbe in un incontrollabile effetto domino perpetrato dai mercati – siamo *too big* e *too connected* per abbandonare l'Unione senza provocarne la disgregazione –, che porterebbe *in primis* al crollo dell'architettura dell'euro e di conseguenza all'abbandono dell'idea di Europa e alla possibilità che la Grande Recessione si trasformi in Grande Depressione, se non altro perché l'euro è ormai una valuta di riserva mondiale.

L'euro non è insomma una porta girevole: come avviene sempre nelle cose della vita – quindi non nella teoria economica dominante – esiste una freccia del tempo e ritornare indietro può voler dire non riconoscere piú il punto di partenza perché le scelte fatte nel frattempo l'hanno spostato. Le svalutazioni precedenti all'arrivo dell'euro, inoltre, sono accadute in regime di cambi fissi e ciò di per sé muta il contesto che si avrebbe oggi all'uscita dall'unione monetaria. Conseguenze politiche a parte, l'uscita sarebbe un'operazione temporalmente lunga e alcune misure sarebbero necessariamente «repressive» – chiusura dei movimenti di capitale e della Borsa – e pesanti per chi ha debiti in euro o tassi debitori in Euribor.

Uno dei pro, si dice spesso, è che l'uscita dall'euro ci consentirebbe di svalutare e quindi di aumentare la competitività. È un copione già visto – e sulla cui efficacia rimando a Realfonzo e Viscuone (2015) – che funziona solo per pochi anni. Indipendentemente dall'inflazione che potrebbe conseguirne (di certo aumenterebbe il costo delle materie prime), occorre ricordare che la svalutazione equivale in media a un impoverimento del Paese e che l'economia *mainstream* non ha gli strumenti per valutarne l'impatto distributivo. Nel caso piú favorevole la svalutazione produce un'espansione della produzione – e dei profitti – quando la crisi ha già messo in moto i processi di *deleveraging* (gli interventi per la riduzione del livello di indebitamento delle istituzioni finanziarie: aumento del capitale, taglio dei prestiti e, soprattutto, finanziamenti statali) e quelli di risparmio di spesa che però incide negativamente soprattutto sull'occupazione. L'ipotetica espansione avrebbe quindi effetti meno che proporzionali su salari e occupati. Gli interessi sul debito, se si esclude l'ipotesi di un'autarchia finanziaria, aumentano e cosí la redistribuzione. Inoltre, difficilmente si può sostenere che la fuga dei capitali interessi i meno abbienti. Ma soprattutto le svalutazioni dànno respiro temporaneo e non cambiano la struttura produttiva di un Paese, che invece è quel che davvero occorrerebbe ai Paesi periferici dell'Europa in crisi non per il troppo debito pubblico (come i casi di Irlanda e Spagna dimostrano).

Benefici dalla svalutazione credo si avranno, ma quantitativamente assai limitati. E per due ragioni. Intanto ora le nostre esportazioni vivono di qualità. L'export italiano è composto non piú dai soli prodotti tradizionali, ma dal *made in Italy* e dai macchinari destinati all'industria: beni di qualità e poco soggetti alla concorrenza di prezzo. Svalutare non produrrà grandi benefici. Poi ci sono i BRICS (Brasile, Russia, India, Cina e Sudafrica) sulle cui produzioni, piú tradizionali, siamo in concorrenza come Paese a sviluppo recente, ma i nostri costi relativi non sono paragonabili e tali rimarranno anche con svalutazioni eccezionali. Una (nuova) politica industriale o meglio postindustriale è la strada.

Un altro falso mito è quello di poter tornare Italia – e non piú uno dei PIGS – con il solo ritorno alla sovranità monetaria – e con un nuovo matrimonio tra Tesoro e Banca d'Italia. Ma il problema è che eravamo identificabili come PIGS ben prima dell'euro, seppur con una definizione piú aggraziata, come quella di Fuà: Paesi a sviluppo tardivo dell'Europa. Era appena l'inizio degli anni Ottanta quando, in un lavoro per l'Ocse, Fuà (1980) individuava caratteristiche comuni – alta inflazione, dualismo territoriale, deficit della bilancia dei pagamenti e di bilancio pubblico, alta disoccupazione e notevole quota di economia sommersa – in Portogallo, Italia, Irlanda, Grecia e Spagna. La struttura economica li caratterizza mentre la rinuncia alla sovranità monetaria aggrava tale fragilità strutturale, ma non ne è la causa. Ammesso che di sovranità monetaria si possa parlare con l'integrazione finanziaria, e quindi la piena mobilità dei capitali. In fondo, con gli accordi di Bretton Woods (cfr. *supra*, cap. II, nota 2, p. 29) ci vincolarono l'emissione di moneta, ma non ci impedirono il boom economico.

Il malessere dell'Unione Europea è, dunque, in massima parte autoinflitto, a causa di una lunga serie di pessime decisioni di politica economica, a partire dalla creazione dell'euro. Sebbene l'intento sia stato quello di unire l'Europa, alla fine l'euro l'ha divisa perché i Paesi piú deboli (tra i quali, indiscutibilmente, noi) sono riusciti, per ora, a rimanere nell'euro a prezzo di disoccupazione e deflazione salariale, crollo della domanda interna e aumento del «sommerso». Ma non durerà per sempre. E dunque quali sarebbero i costi di una nostra uscita dall'euro resta materia di dibattito. Ciò che pare certo, però, è che senza Europa perderemo tutti.

5. *Il benessere dei popoli, dell'Europa e non solo.*

> Un singolo modello di sviluppo e di vita (oggi quello concentrato sulla crescita delle merci) viene proposto ed accettato come l'unico valido; bisognerebbe invece apprezzare che ogni popolazione cerchi la via corrispondente alla sua storia, ai suoi caratteri, alle sue circostanze e non si senta inferiore ad un'altra per il solo fatto che quella produce piú merci.
>
> GIORGIO FUÀ

Si è già detto dell'assioma di Pigou, cioè l'identificazione tra benessere e produzione di merci e servizi di un Paese e della sua invalidazione dimostrata da

Easterlin, cioè che la felicità umana aumenta fino a un certo livello, oltre il quale inizia a diminuire. Pil e felicità non vanno sempre insieme, lo abbiamo visto: non possiamo sostenere di star meglio se il Pil aumenta, ma l'inquinamento ci uccide, il sistema sanitario non funziona e quello scolastico non educa.

Andare oltre il Pil non significa impegnarsi nella costruzione di un indicatore sintetico, ma superare la logica del mercato come un valore di per sé. Se andate dal medico perché un ginocchio vi duole, non vi basta che vi misuri solo la temperatura. Lo stesso vale per la domanda di benessere. L'agio materiale è solo un aspetto della vita. Per questo parlo di *acrescita* e per questo l'Unione Europea si dovrebbe prefiggere obiettivi e parametri che affianchino il Pil. Una sorta di BES (benessere equo e sostenibile) europeo, che sia cucito sulla particolarità di ogni popolo dell'Unione.

I parametri finanziari adottati dall'Unione Europea (debito/Pil, deficit/Pil, inflazione) potrebbero essere utili al massimo per i conti finanziari. Ma oltre al fatto che non lo sono, non esauriscono l'insieme di ciò che ci rende felici. E nemmeno ci dànno una misura di quel reddito minimo, quel guadagnare *abbastanza* da cui partire per cercare di esserlo. Dovremmo far sí che l'Unione Europea inserisca tra i suoi obiettivi un «indicatore composito di benessere», magari iniziando a «educare all'*abbastanza*» (che resta un concetto vago, riferibile ai bisogni essenziali alla Keynes, o alla sostenibilità alla Diane Coyle, 2011) per aumentare la consapevolezza che consumare di piú ha effetti negativi sugli altri esseri umani (e non) e sull'ambiente.

Per fare ciò bisogna rimettere al centro dell'attenzione – di tutti ma soprattutto delle istituzioni nazionali e sovranazionali – l'uomo e le sue interazioni, economiche, ma anche sociali e ambientali: quello che è importante è che si tenga sempre presente che il progresso va orientato a considerare l'aspetto del benessere e della felicità, perché anche il progresso tecnologico sia un facilitatore di quel *buen vivir* che ho già evocato e non soltanto uno strumento al servizio del perseguimento del profitto.

L'unica prospettiva praticabile, dunque, per uscire da questa situazione di avvitamento dell'attuale sistema economico è quella che preveda come assolutamente necessario un ripensamento degli obiettivi dell'economia e di chi ci amministra: dal Pil al benessere.

Il lento deteriorarsi delle prospettive di crescita si traduce in un malessere delle società capitalistiche che riguarda strati sempre piú consistenti della società, con un marcato squilibrio fra le generazioni. Questi aspetti divengono sempre piú evidenti e la crisi economica e finanziaria globale può essere letta come crisi del modo di vivere, cioè di consumare per giustificare altra produzione da consumare, e cosí via. Poiché con il tempo diventano sempre piú stringenti i limiti e l'insostenibilità di una crescita infinita delle attività economiche, non può che prevedersi il default delle economie e delle imprese piú deboli.

Quel che appare certo è che l'*abbastanza*, che per alcuni Paesi resta un miraggio, per noi è una necessità per far ritornare il pianeta lungo sentieri sostenibili: occorre ripensare e ridisegnare in modo integrale la vita umana che oggi è dominata dall'imperativo dell'accumulo di denaro, della produzione e dell'acquisto di merci.

La buona notizia è che in tutti i continenti, in tutte le nazioni, oltre al malessere dovuto a un tale modello di vita, stanno emergendo fermenti creativi che spingono in altre direzioni: i movimenti delle popolazioni dell'America Latina contro lo sfruttamento dei suoli e delle acque; il microcredito nato in Asia e affermatosi anche nel mondo occidentale; i «gruppi di acquisto solidale» che mettono al centro i princípî di eticità e di sostenibilità, ricostruendo la relazione tra il consumatore, spesso urbanizzato, e i produttori; i «movimenti per la decrescita» che propongono cambiamenti dal basso, azioni pratiche per promuovere stili di vita sobri e sostenibili come chi sperimenta una vita senza petrolio nelle *transition towns*.

6. *Inventare lavori sostenibili.*

Per evitare che l'*acrescita* (comunque basata su *servizi dematerializzati*, di cui parlerò tra poco) porti a un'esplosione della disoccupazione, si deve pensare sia alla riduzione dell'orario di lavoro sia all'introduzione di un reddito sociale, legato alla fornitura di servizi socialmente utili.

L'attuale modello di sviluppo, basato sull'utopica credenza di una crescita senza fine, che non distingue i beni dalle merci, genera insostenibili disuguaglianze sociali e provoca sempre piú forti criticità all'ambiente in cui tutti noi viviamo. E naturalmente gli effetti nefasti di calamità ambientali prodotte dal ricco Nord del mondo sono pagati anche o soprattutto dai poveri del Sud.

Riducendo (o azzerando) la crescita, abbiamo però necessità di stimoli all'occupazione. Ad esempio bisognerebbe puntare sull'innovazione, che risparmi energia e materie non riproducibili e sui servizi, ovvero su beni prevalentemente immateriali. Ma anche su posizioni ad alta intensità di lavoro, cioè non opere faraoniche e improbabili, ma che recuperino e riqualifichino l'esistente senza intaccare l'ambiente e le risorse. (Facendo finta, ma proprio solo per simulazione, che dopo la nostra debba arrivare un'altra generazione...)

In Italia si possono introdurre i cappotti termici agli edifici (riducendo il consumo energetico), si può ristrutturare e mettere in sicurezza il patrimonio scolastico, nonché procedere a una non piú rinviabile riqualificazione territoriale: investimenti che mirino alla sostenibilità del futuro. Poi, naturalmente, si dovrebbe valorizzare la cultura. E io non trovo strategia migliore di quella delineata dal *Rapporto 2015* di Symbola - Fondazione per le qualità italiane (Io sono cultura. L'Italia della qualità e della bellezza sfida la crisi): individuare nel valore aggiunto del settore cultura, nella sua unicità, nel suo indotto, nei comparti meno formali che ad esso possono essere legati una fonte di ricchezza.

Se la tecnologia distrugge e rimpiazza i lavori *noti*, occorre *inventarsene* di nuovi e tornare a quelli artigiani, quelli del recupero, se non del riciclo, dei beni in uso. Si sostiene solitamente che l'innovazione di processo, cui abbiamo già fatto cenno, distrugge il lavoro, mentre quella di prodotto ne crea. Ma non sempre è cosí. Si pensi ad esempio al miniboom delle macchine agricole italiane che risparmiano energia e fertilizzanti. Hanno sostituito il vecchio capitale non intaccando il volume di occupati. Anzi. Non è difficile allora immaginare un futuro guidato dai servizi e che veda la domanda quasi compulsiva di sempre nuovi prodotti inutili ridursi assai.

Ovviamente non tutto il lavoro umano verrà sostituito dai robot. Se nel lungo periodo la tecnologia ci libererà dai lavori piú sgradevoli e da quelli che ci conducono all'insostenibilità, in un orizzonte piú breve ci sarà ancora piú spazio per lavori legati al progresso della scienza e della tecnologia.

La redistribuzione, inoltre, dovrà coinvolgere anche le quantità di lavoro: piú occupati per meno ore settimanali.

Perché le sole politiche di flessibilità non ci condurranno a nulla. Non potremmo mai competere sul costo del lavoro con Paesi ora emergenti. Invece, piuttosto, sulla qualità e sulla personalizzazione del prodotto, cioè ancora sull'apprendimento.

Il mito della flessibilità dei mercati, e quello del lavoro in particolare, nasce da una funzione: il numero di occupati è determinato dall'incontro tra domanda e offerta di lavoro; per far crescere il Pil se non ci sono innovazioni che fanno aumentare la produttività occorre aumentare il numero di lavoratori. Il sistema cosí è però sempre in piena occupazione, cioè impiega tutti quelli che vogliono lavorare al salario di equilibrio. Come aumentare il numero di occupati allora? Facendo crescere l'offerta di lavoro: si è disposti a lavorare piú a lungo per un salario piú basso. O aumentando la domanda di lavoro delle imprese: riducendo i costi di assunzione o licenziamento, cioè rendendo il mercato piú flessibile e piú vicino alla perfetta informazione e competitività. Dunque, la disoccupazione è dovuta a rigidità varie. Queste dipendono dalla presenza di vincoli, di lacci e lacciuoli che fan sí che i mercati siano poco flessibili, altrimenti saremmo sempre in piena occupazione. Esisterebbe quello che gli economisti assiomatici definiscono il tasso naturale di disoccupazione, ovvero quel tasso che emerge da un mercato in cui sono presenti alcune rigidità. Soluzione che non spiega però perché questo tasso naturale passi facilmente dal 6 per cento al 13 per cento in poco tempo, come in Italia, o dall'8 per cento al 26 per cento, come in Spagna, pur se l'indice di flessibilità è decisamente aumentato nello stesso periodo. Una via piú semplice passa per la redistribuzione del reddito e/o la promozione della progressiva introduzione di un reddito minimo – su cui mi soffermo nel prossimo paragrafo –, perché non sembra un'utopia pensare a fare del *made in Italy* ciò che il petrolio è in Alaska: una sorta di bene di tutti, fonte di ricchezza che va «condivisa» dagli abitanti.

Come da molto tempo si sa, la matematica ha stabilito l'inconsistenza logica del modello neoliberista. Infatti, mentre la realtà economica continua a rifiutarsi di obbedire alle stravaganti prescrizioni dell'economia teorica dominante, le politiche economiche prescritte dal pensiero unico continuano a flagellarci l'esistenza in nome del mercato. Il modello neoliberista è morto, ma il suo fantasma, che continua ad aggirarsi per il mondo accademico e le istituzioni che contano, sparge danni e sofferenze tramite promesse senza fondamento (sembrerebbe che aggiungere il prefisso «neo» non sia sufficiente a rimediare alle contraddizioni logiche). Possiamo certo fingere che cosí non sia, tanto l'economia sopravvive comunque, ma non rende piú tollerabile che il nostro vivere, e quello delle generazioni future, dipenda da speranze basate su teoremi indimostrabili, sul nulla cioè. Ci si chiede da anni il perché di tale pervicace insistenza: inerzia intellettuale, pigrizia mentale e assenza di paradigmi alternativi. O profitti.

Credo che le proposte di liberalizzare il mercato del lavoro siano emblematiche. Argomenterò qui di seguito come queste siano utili a rimpinguare i profitti delle singole imprese, ma non il lavoro (né il lavoratore che spesso viene ridotto a fattore di produzione monetizzabile – cosí facendo riduciamo a denaro anche i diritti e la qualità della vita stessa del lavoratore), né l'economia nel suo insieme, poiché manca uno strumento che sia in grado di trasformare i profitti in investimenti e di creare domanda tramite occupazione in servizi di qualità.

Iniziamo dal contesto in cui siamo oggi costretti e dai due fatti strutturali che ho riordinato all'inizio di questo capitolo: la *globalizzazione* e la *morte della manifattura*.

La globalizzazione, primo aspetto del problema, aumenta la competizione e richiede, per continuare a esportare, che il CLUP (costo del lavoro per unità di prodotto) si riduca. Esistono due vie per farlo: la riduzione del salario e l'aumento della produttività. La prima è immediata e ottenibile con poco sforzo. L'altra non piove dal cielo né dalla penna del legislatore. Non può che essere l'esito e il prodotto di un'attività di ricerca e sviluppo che spesso solo lo Stato riesce a sostenere (Mazzucato, 2013) e che in Italia le imprese private praticamente non fanno.

Ma perché minori costi del lavoro si traducano in maggiori profitti non basta produrre (come ci racconta la favola neoliberista): occorre anche venderli, i prodotti. Ovviamente non tutte le imprese ci riescono. Per quelle che dipendono dalla domanda estera, salari piú bassi possono voler dire maggiore competitività in mercati tradizionali, dove maggiore è la concorrenza dei Paesi emergenti. Ma il costo orario è ora in un rapporto di 10 (noi) a 1 (loro): andargli dietro sarà la via giusta? In piú minori salari equivalgono a minore domanda interna. L'unica via, dunque, per incrementare la domanda complessiva pare essere quella dell'estero, dove però la competitività non può che puntare sulla qualità. In sostanza non dovremmo restare fermi a produrre merci tradizionali.

Il combinato disposto «salari piú bassi - minori tutele del lavoro» volge lo sguardo al passato e non indica direzioni percorribili, perché la flessibilità del lavoro non si traduce in maggiori investimenti: non esiste nulla di automatico che traduca i profitti in investimenti se non interviene lo Stato (imposizione redistributiva, agevolazioni per utili reinvestiti e spesa in ricerca e sviluppo).

La morte della manifattura è il secondo aspetto del problema. Negli Usa gli occupati nell'industria si sono ridotti dal 23 all'8 per cento dal 1970 a oggi. Cosa fa quella massa di ex operai? È passata, in gran parte, a nuovi lavori nei servizi. E se i servizi sono qualificati, anche i salari lo saranno, ci dice l'esperienza dei Paesi Ocse. Senza spesa in ricerca e riqualificazione, il lavoro diventa una merce e si confonde il lavoratore con il posto di lavoro.

Il terziario avanzato non è solo un modo per recuperare salari, ridurre le disuguaglianze e favorire l'occupazione: è il segnale che senza un intervento pubblico che «guidi» il mercato, nulla garantisce che i profitti si traducano in investimenti. Il mercato produce troppo (inquinamento, ad esempio) e troppo poco (ricerca e sviluppo, ad esempio). E non è riducendo il lavoro a uno dei fattori di produzione che possiamo attenderci un futuro migliore.

7. *Salvare le persone e non solo le banche: la redistribuzione dei redditi e delle risorse.*

La tecnologia distrugge ogni volta il vecchio modo di produrre e con esso vecchi lavori sono progressivamente sostituiti dalle macchine senza che il mercato crei immediatamente degli altri nuovi lavori. I nuovi disoccupati non avranno un reddito da spendere: cosí l'economia finirà inceppata. D'altra parte, se continuassimo a produrre come si è fatto finora, le risorse verrebbero a mancare: cosí l'economia finirà comunque in stallo. E allora che fare?

Uno dei modi piú naturali per sostenere la domanda è quello di redistribuire il reddito. Di solito, contro questa politica si oppone l'«economia dell'effetto a cascata» (*trickle down economics*): la disuguaglianza distributiva costituisce un incentivo per chi è indietro a fare di piú, e quindi a impegnarsi per migliorare la propria posizione[16]. Ma sappiamo bene che non è cosí e che, invece, redistribuendo a favore della popolazione meno abbiente, si aumenta il moltiplicatore del reddito per tutti e si rafforza la sostenibilità sociale del Paese.

Se tassare i ricconi non presenta particolari ripercussioni (se non per la loro smisurata ricchezza), rendere pubblici almeno in parte i benefici derivanti dal progresso

[16] Secondo questa teoria il libero mercato produce un aumento della ricchezza per la società nel suo insieme. La povertà relativa può aumentare, mentre quella assoluta senz'altro diminuisce.

tecnico porterà alcune conseguenze perché la redistribuzione può avvenire non solamente attraverso l'imposizione fiscale, ma anche riformando il welfare che il progresso rende possibile. In particolare, penso all'economia della partecipazione. I numeri ci dicono che ci sono soluzioni sostenibili (Fondazione Emanuela Zancan, 2012). Il *welfare collettivo* è sinonimo di «bene comune», di equità. Nessuno può fare tutto da sé, perché tutti abbiamo bisogno della collettività e questa si esprime anche attraverso un sistema di welfare che ci ha consentito di raggiungere vari traguardi in campo sanitario, previdenziale, culturale e sociale.

Una soluzione è quella di pensare di istituire un «reddito minimo garantito»[17]: in Italia il costo per la sua introduzione con un ammontare mensile di 600 euro (7200 euro all'anno) è di 18 miliardi di euro (Fumagalli, 2011). Una misura di questo tipo garantirebbe forme di sussidio e di integrazione al reddito a 7,8 milioni di persone, pari al 13 per cento della popolazione. Al netto delle integrazioni al reddito già esistenti, la somma aggiuntiva necessaria si ridurrebbe a 5 miliardi. Vincolare la concessione del reddito minimo garantito all'erogazione da parte di chi lo percepisce di servizi socialmente utili, una sorta di servizio civile, di servizi del welfare, può offrire una soluzione, soprattutto in una società che sappia condividere rischi e benefici dell'operare in un mondo incerto, seppur condiviso. La proposta del reddito minimo può essere considerata come una presa di posizione a favore dell'universalizzazione del welfare. Cosí verrà superata, ad esempio, l'equivalenza tra flessibilità e precarietà: è un modo per

[17] A differenza del «reddito di base» (o «reddito di cittadinanza»), che viene concesso indipendentemente da altri redditi e patrimoni dei beneficiari, il «reddito minimo garantito» è una forma di sostegno a coloro che hanno difficoltà a inserirsi nel mondo del lavoro. Non è quindi una tutela elargita a tutti, ma viene concesso soltanto agli individui che si trovano al di sotto di un determinato reddito.

affermare la necessità che sia garantita a tutti la possibilità di una vita serena e in questo senso il reddito minimo è una forma di protezione nella flessibilità e non nella precarietà.

Ho già spiegato che una spesa pubblica redistributiva può avere effetti espansivi e ho già ricordato che gli apologeti della disuguaglianza sostengono che dare piú soldi ai piú ricchi costituisce un vantaggio per tutti, perché porterà una maggiore crescita. Quella evocata piú sopra, la *trickle-down economics*, l'economia dell'effetto a cascata, come l'evidenza empirica dimostra non ha portato a una piú alta crescita, e anzi la maggior parte degli occidentali ha visto i propri redditi affondare o ristagnare. Quello che stiamo vivendo in questi ultimi anni è l'opposto dell'economia dell'effetto a cascata: le ricchezze accumulate dai piú ricchi sono state ottenute a scapito di quelle ricevute dai meno abbienti. Chi crede nell'economia dell'effetto a cascata sostiene che si deve guardare non alla dimensione relativa delle ricchezze, ma alla dimensione assoluta: dare di piú ai ricchi porta a ottenere un Pil maggiore, per cui anche se i poveri e il ceto medio ottengono una parte piú piccola del reddito complessivo, anche il loro reddito è aumentato. In realtà, è vero il contrario: come Stiglitz (2012) fa notare, nei periodi in cui la disuguaglianza è cresciuta la crescita è stata piú lenta e la dimensione del reddito della maggior parte della popolazione si è rimpicciolita.

Due sono gli aspetti critici delle argomentazioni sopra esposte. Il primo è che la globalizzazione aumenterebbe la produzione aggregata di un Paese. Il secondo è che se il Pil aumenta, un'economia *trickle-down* farà in modo che tutti ne traggano vantaggio. Nessuna delle due argomentazioni è però corretta. È vero che quando i mercati funzionano perfettamente, il libero scambio permette alle persone di spostarsi dai settori piú protetti a quelli di esportazione piú efficienti e meno protetti. Come risultato, si può verificare un aumento del Pil. Ma i mercati spesso non funzionano cosí bene. Ad esempio i lavoratori licenziati a causa della concorrenza nei settori d'importazione spesso non riescono a trovare un altro lavoro. Essi diventano semplicemente disoccupati. Passare da un lavoro a bassa produttività in un settore protetto alla disoccupazione diminuisce la produzione nazionale. Questo succede a seguito di una cattiva gestione macroeconomica, tale da far sperimentare all'economia un elevato tasso di disoccupazione e accade inoltre quando il settore finanziario non svolge il suo compito, cosicché non sono create nuove imprese per sostituire le vecchie aziende che hanno esaurito il loro ciclo di produzione, per motivi vari.

Una delle conseguenze è che la distribuzione diseguale del reddito produce effetti negativi sul Pil perché riduce il famoso *moltiplicatore* di cui sopra (Stiglitz, 2012; Gallegati, Landini e Stiglitz, inviato per la pubblicazione)[18].

La già citata indagine sui *Bilanci delle famiglie italiane nell'anno 2010* della Banca d'Italia (2012) permette di calcolare la propensione marginale al consumo delle famiglie italiane: secondo i dati il 10 per cento piú povero ha avuto una propensione al consumo pari al 95 per cento nel 2010 (90 nel 1989), mentre il 10 per cento piú ricco ha un valore del 65 per cento (70 nel 1989). Si può osservare quindi che la propensione al consumo si riduce nettamente all'aumentare delle risorse familiari. Di conseguenza, se le famiglie meno abbienti (con basso reddito o bassa ricchezza) hanno una propensione al consumo piú elevata rispetto alle famiglie piú ricche, avranno anche un moltiplicatore piú alto.

[18] La revisione delle stime dei *moltiplicatori fiscali* fornita dal Fondo monetario internazionale – dalle vecchie stime di circa 0.5 alle nuove stime che presentano valori del moltiplicatore fino a 1.7 (Blanchard e Leigh, 2013) – suggerisce che le politiche fiscali restrittive stanno avendo un impatto recessivo molto piú forte di quello ipotizzato.

Provo a tradurre. Un ricco consuma tanto, tantissimo, e diciamo che guadagna 1 milione di euro all'anno. Per quanto spenda, un po' gli rimane. Viceversa a uno che guadagna 10 000 euro all'anno i soldi non bastano mai e spende quasi tutto. Cioè reimmette tutto nel circuito economico, nella domanda, che vuol dire maggior reddito per tutti: si compra il pane, e quindi arrivano soldi al negoziante, al fornaio, all'agricoltore. E ognuno di questi, a sua volta domanderà altri beni. Con un effetto moltiplicatore, appunto. Una stima – assai a capocchia, in vero, ma rende bene l'idea – ci dice che l'effetto complessivo di un extrareddito di 100 euro finanziato in deficit a favore dei poveri provocherà un aumento di reddito (distribuzione compresa) di 230 per i ricchi e di 150 per i poveri. Gli effetti della stessa manovra, cioè lo stesso extrareddito di 100 euro, stavolta a favore dei piú abbienti invece, produce aumenti di reddito di 210 e di 30. La distribuzione ha dunque importanti effetti moltiplicativi: è significativa per i poveri e per l'economia nel complesso. Ininfluente per i ricchi.

È dunque perfettamente plausibile che una maggiore disuguaglianza, attraverso un moltiplicatore piú basso, porti a effetti «recessivi». In particolare, politiche di austerità fiscale produrranno effetti depressivi sul reddito, e peggiorando il reddito e la distribuzione dello stesso si avranno effetti ulteriormente negativi sempre sul reddito. Insomma, al rigore fiscale in tempi di recessione e forte disuguaglianza corrisponde un calo del Pil e un effetto quantomeno incerto del rapporto deficit/Pil.

E potremmo ulteriormente chiederci: a chi vanno questi soldi? Risparmiamoci noiosi calcoli e facciamo riferimento, di nuovo, alla Banca d'Italia (2012) che ci dice che l'80 per cento del reddito va al 20 per cento della popolazione: l'effetto a cascata non c'è. E non fingiamo sorpresa: i ricchi sono tali perché possiedono aziende. È quello che gli economisti chiamano l'«effetto di san

Matteo» («a colui che ha, verrà dato e sarà nell'abbondanza; ma a colui che non ha, sarà tolto anche quello che ha», *Mt*, 13,12): è sempre valido. L'effetto c'è, ma dal basso verso l'alto, a fontana quindi, non a cascata: la spesa dei poveri va a finanziare i ricchi produttori dei beni (anche dei prodotti per poveri).

Sempre la Banca d'Italia (2012) ci dice che il decile piú povero della popolazione italiana spenderebbe quasi interamente una quota di reddito aggiuntivo che gli dovesse arrivare. Mentre il decile piú ricco ne spenderebbe soltanto una piccola parte. Questo ha un effetto sul moltiplicatore della spesa. Possiamo dire che una politica redistributiva a favore dei ricchi ha effetti depressivi sul Pil.

Inoltre, la spesa in beni ha, sí, effetti sull'occupazione, ma sono molto maggiori quelli sui profitti dei produttori dei beni. Secondo recenti ricerche (Clementi e Gallegati, 2016), la distribuzione del reddito e della ricchezza può essere descritta da una sola «legge» che va dai piú poveri ai ricchissimi. La disuguaglianza è quasi inimmaginabile. Lo 0,1% dei piú ricchi è 10 milioni di volte piú ricco dell'80 per cento di noi: mentre ci si sposta a piedi, qualcuno si muove alla velocità della luce.

8. *Come se fosse un terremoto: prevedere le crisi.*

La Regina si lamentò del fatto che nessuno degli economisti assiomatici fosse stato capace di prevedere l'insorgenza della crisi. Visto il capitolo II, sappiamo bene perché: non solo la Grande Recessione era imprevedibile dati gli strumenti (sbagliati o inconsistenti) dell'economia assiomatica, ma in piú ogni espansione o recessione lo è per costituzione, poiché le fluttuazioni del reddito sono imputabili esclusivamente a disturbi esterni non prevedibili. Se fossero prevedibili infatti sarebbero previsti e scontati dagli agenti razionali. Se poteste indovinare che la vostra fidanzata vi regalerà quella cravatta con cui non seppellireste neanche l'odioso zio, pensereste a una strategia per evitare la disgrazia. (Una che funziona bene: «Hai letto, cara, di quella poverina strangolata con una cravatta?»).

Inoltre, i DSGE sono costretti a scegliere tra due sentieri: uno stabile e uno no. Dipende tutto da dove si parte: solo alcuni valori molto particolari vi porteranno verso il Paradiso, tutti gli altri da Plutone. Non solo: se seguite loro, i DSGE – quei modelli dinamici casuali di equilibrio economico generale cui siamo in balia da decenni – dovete supporre che vi sia perfetta informazione e razionalità degli agenti, ricordate? E se siete nel sentiero giusto vorrete escludere un disturbo – la famigerata esternalità – cosí grande e negativo da portarvi nell'altro sentiero. Però sarà proprio quel disturbo cosí grande che, solo, può giustificare la crisi che stiamo vivendo. Quindi o si rinuncia al modello o si ripudia la realtà. O si aggiungono gli epicicli, famigerati anche loro, che ci riportano agli astronomi tolemaici, di cui sopra.

Cosa accade nel mondo reale invece? Le imprese si indebitano con le banche per produrre e investire. Le imprese vendono la produzione e dal ricavo cosí ottenuto ripagano il debito, gli interessi sul debito e i salari. Ciò che resta è il profitto. Se quest'ultimo è positivo la ricchezza dell'impresa cresce e potrà chiedere ancora crediti e magari espandere la produzione aumentando l'indebitamento, cioè il rapporto tra debiti e ricchezza. Viceversa se è negativo. Con una differenza: se la ricchezza diventa negativa, l'impresa va in bancarotta ed esce dal mercato. C'è dunque un'asimmetria dalle conseguenze importanti – che ricorda quel che accade in natura dove la temperatura ha un limite inferiore (-273 gradi centigradi), ma non uno superiore a causa dell'infinita possibilità d'interazione degli atomi. Quando un'impresa sta per fallire, e a maggior ragione quando va in bancarotta, non ripaga i debiti verso le banche provocando la diminuzione della ricchezza di queste ultime. Si può avviare allora un effetto domino: le banche, ora piú povere, presteranno di meno alle imprese che dovranno ridurre la produzione, e quindi i ricavi. Il circolo vizioso termina quando i costi (da occupazione e da debito) si ridurranno in misura tale da ristabilire le condizioni di profittabilità, cioè quando i costi saranno talmente bassi da essere superati dai ricavi. E il ciclo può ricominciare[19].

Ma non tutte le imprese hanno relazioni di credito con tutte le banche. In Italia, in media, ogni impresa ha relazioni con sette banche; negli altri Paesi europei si scende a quattro. Tali rapporti sono poi piú stretti per aree geografiche e/o di settore (ad esempio Banca Marche finanzia il settore calzaturiero di Civitanova e dintorni). In tal modo si verificano relazioni preferenziali che dànno luogo a raggruppamenti di banche e imprese. Il che ha l'effetto positivo di far circolare l'informazione e condividere i profitti: quando le cose vanno bene le banche sono liete di prestare denaro che tornerà indietro rendendo buoni guadagni. Altre banche si uniranno al banchetto e, come in una cena di gala, sembra esserci cibo per tutti. Il network si muove quindi, diventando piú denso, cioè il numero di relazioni tra imprese e banche aumenta, cosí come l'intensità della loro relazione, ossia l'ammontare del credito. Non appena però le cose iniziano ad

[19] Vale la pena di ricordare quanto scrive Cipolla (1986, p. 106) a proposito della depressione economica e dell'epidemia di tifo esantematico che colpí Firenze tra il 1616 e il 1622: «Qui si vuol insistere nel mettere in guardia il lettore contro la facile ipotesi di una sequenza ineluttabile meccanicisticamente determinata da una logica puramente interna. La verità è che accanto ad elementi e meccanismi endogeni operarono anche elementi esogeni e accidentali la cui importanza non va sottovalutata. Al solito la storia è piú complessa degli schemi che gli uomini vorrebbero immaginare».

andare male, il timore del contagio spinge gli agenti a isolarsi e comunque a indebolire i legami (Catullo, Palestrini e Gallegati, 2015).

Le interazioni tra agenti avvengono spesso per effetti imitativi e perché le informazioni sono limitate. Gli agenti sono poi assai eterogenei per dimensioni e preferenze. Questo genera non linearità, ovvero *complessità*, e anche un piccolo shock può portare a grandi fluttuazioni. Rispetto ai modelli assiomatici, dove la fluttuazione è il prezzo da pagare per il ritorno all'equilibrio da cui ci si è allontanati per un disturbo imprevedibile, le dinamiche del ciclo nei modelli complessi (gli ABM, ad esempio) sono concepite come il risultato emergente delle interazioni tra agenti eterogenei. E, sempre nella logica dei modelli complessi, il medesimo disturbo può produrre effetti del tutto diversi a seconda dello stato di salute di un sistema. Ad esempio, un aumento dei tassi d'interesse non ha effetti su un sistema finanziariamente sano, ma può provocare una recessione in caso di diffusi indebitamenti. Come le conseguenze dell'influenza in un organismo sano rispetto a quelle in uno malaticcio. Tipicamente, la rete diventa molto connessa quando il ciclo guadagna importanza. Le prime ondate di fallimento producono una dispersione dei rapporti (quando le cose vanno male si preferisce stare da soli, come i lupi che si allontanano dal branco) e inizia quel processo di *deleveraging*, di cui abbiamo detto sopra, di movimenti verso il «verde». In pratica si diversifica per ridurre il rischio. Ma nello stesso tempo si aumentano i rischi di contagio, una volta che le cose dovessero andare male.

Il processo che ho descritto è riassumibile in un numero. Superata una determinata soglia critica sappiamo che ci potrebbe essere una crisi. Ma non riusciamo a sapere quando e se avverrà davvero. Quello che sappiamo però è che al di sotto di un certo valore non ci saranno crisi. Un po' come avviene per i terremoti: sappiamo dire dove, ma non ancora quando[20].

Il dominio dell'economia assiomatica ha ritardato la creazione di organismi di studio della stabilità finanziaria, proprio perché tale concetto è eretico (la teoria dell'instabilità finanziaria dell'economista statunitense Hyman Minsky è stata a lungo considerata un'eccentricità di scarso o nessun valore) rispetto alla stabilità del sistema reale. Tuttavia, a causa della mancanza di dati sulla rete del credito disponibili a livello nazionale e grazie alla difficoltà (impossibilità *e* inutilità, per gli assiomatici) di incorporarne le dinamiche nei modelli macroeconomici standard, il potenziale proprio delle reti del credito per assicurare un segnale di allerta per le crisi economiche è stato sfruttato solo parzialmente.

Non va trascurato poi un altro aspetto. Avere una mappa dei rapporti banche-imprese e del rischio di credito consentirebbe al *policy maker* di sapere esattamente dove deve intervenire e di usare strumenti appropriati al singolo caso in maniera mirata e circoscritta. Un po' come passare dalla chemioterapia alla nanomedicina.

La crisi dipende allora dalle relazioni tra banche e imprese e dal loro grado di indebitamento. Non è quindi dovuta a una perturbazione del naturale ordine economico, che sembra tanto una diagnosi nella linea di quanti raccomandano per il benessere di nutrirsi solo di prodotti della Natura, come uranio e petrolio.

Durante le espansioni, la concentrazione della rete aumenta e pure l'indebitamento degli agenti. E quindi la probabilità di avere enormi riduzioni della produzione aumenta. Infatti, quando alcune banche sono in una posizione centrale nella rete del credito – sia in termini di numero sia rispetto alle dimensioni dei prestiti –, uno

[20] Il passaggio dalla teoria dell'influenza dei corpi celesti sui terremoti di (zio) Raffaele Bendandi alla tettonica a zolle è un notevole avanzamento scientifico nonostante gli insuccessi di previsione.

shock (ad esempio, il fallimento di un grande debitore della banca) può produrre una contrazione dell'offerta dei prestiti con conseguenti effetti rilevanti e sistemici. Quindi, non solo le dimensioni dell'agente, ma la sua connettività ha un impatto decisivo sul sistema economico. Da qui l'importanza strategica di spostare le politiche di sorveglianza da quelli *troppo grandi per fallire* a quelli *troppo collegati per fallire*.

Occorre infine che si proceda alla costruzione di un sistema che descriva le reti e le loro relazioni di debito-credito, cosí da rendere concreta la possibilità di valutazione del rischio di una crisi.

Capitolo quarto
Per andare dove dobbiamo andare, per dove dobbiamo andare?

L'umanità, che tratta il mondo come un mondo da buttare via, finirà per trattare se stessa come un'umanità da buttare via.
GUNTHER ANDERS

Questo *pamphlet* è costruito attorno a due argomenti: la crisi dell'economia e la crisi della teoria economica. Cosa implicano e quali risultati dobbiamo aspettarci? La nostra vita cambierà? Saranno messi in soffitta i teorici dell'economia assiomatica, accanto all'universo geocentrico dei *Purāṇa* nei testi sacri induisti e di Tolomeo? La Grande Recessione produrrà lo stesso effetto che diede l'input all'astronomo pontificio Eustachio Manfredi che, nella Specola di Bologna, nel 1729 diede la prima dimostrazione empirica del moto di rivoluzione della Terra attorno al Sole?

Io credo di sí. L'edificio già traballante dell'economia dominante appare affidabile e sicuro come le abitazioni costruite sul Vesuvio.

Un cambio di paradigma.

Poiché, in un mondo finito come il nostro, le risorse sono limitate, abbiamo bisogno di ricerca che sappia indirizzare le innovazioni verso tecnologie risparmiatrici di energie non rinnovabili e capaci di ridisegnare l'impatto ambientale dei prodotti nel loro intero ciclo di vita. In questa ottica andrà spinta la dematerializzazione dei prodotti, la fruizione dei beni relazionali[1] e l'idea di

[1] I *beni relazionali* consistono in rapporti interpersonali, dialogo, condivisione,

abbastanza. La crescita del Pil, insomma, dovrà necessariamente confrontarsi con quella della sostenibilità.

La sostenibilità è certo un concetto complesso, multidimensionale e spesso difficile da definire. Nonostante ciò, a me pare che almeno una certezza sia identificabile: le sfide economiche che i Paesi sviluppati devono affrontare sono del tutto diverse da quelle dei Paesi in via di sviluppo. Questi ultimi hanno poco inquinamento, ma anche poche risorse da dedicare agli investimenti verdi e quindi «rischiano» di utilizzare in modo non sostenibile la dotazione di risorse rinnovabili di cui hanno bisogno per crescere. Dall'altra parte i Paesi già sviluppati hanno problemi di inquinamento e non possono pretendere di negare a tutti gli altri di crescere come loro hanno fatto, compromettendo quell'ambiente che è di tutti (l'inquinamento investe il pianeta: da esso usciamo o tutti insieme o nessuno, perché nessuno ce la farà da solo), né di consumare le risorse naturali.

Tutto ciò ci indica l'unica possibile strada da percorrere: i Paesi sviluppati dovranno innovare nella direzione del risparmio delle risorse, crescendo diversamente da come hanno fatto finora per consentire anche a quelli poveri di crescere. In *Qualcosa di nuovo sotto il sole*, John McNeill (2000) ricorda che tra il 1890 e il 1990 l'economia mondiale è cresciuta di 14 volte, la popolazione di 4, l'utilizzo dell'acqua di 9, le emissioni di anidride solforosa di 13, l'utilizzo di energia di 16 e le emissioni di anidride carbonica di 17. Il lavoro di James Speth (2008), *The Bridge at the Edge of the World*, conferma la tendenza aggiornando i conti al 2005.

Il protagonista di questo processo di deterioramento della relazione esistente tra sistemi naturali e sistemi

solidarietà, risposte a bisogni di utilità sociale. Si distinguono tanto dai *beni materiali* (che sono «saziabili», perché volti a saziare le esigenze di sopravvivenza) quanto dai *beni posizionali* volti al superfluo (e perciò «insaziabili» perché la domanda può essere indotta e alimentata all'infinito, come abbiamo visto).

sociali è il meccanismo economico di crescita che è stato innescato dalla Rivoluzione industriale e perseguito da allora in avanti e che ancora dirige le nostre esistenze di involontari criceti.

Chi può credere in un mondo in cui nove miliardi di persone – quanti saremo nel 2050, secondo le proiezioni delle Nazioni Unite – possono raggiungere tutte il livello di ricchezza delle nazioni dell'area Ocse? Tim Jackson (2009), in *Prosperità senza crescita*, ci ricorda che per quell'epoca, se manteniamo i nostri attuali standard, sarebbe necessario che il volume dell'economia fosse cresciuto fino a 15 volte quello attuale (75 volte rispetto a quello del 1950), e che continuasse in maniera esponenziale arrivando alla fine di questo secolo con una crescita pari a 40 volte la sua dimensione di oggi (200 volte quella del 1950). Si tratta ovviamente di un paradosso: senza cambiare il modo di vivere, di produrre e di consumare è impensabile un benessere condiviso e duraturo.

La sostenibilità sociale dipende in sostanza dalla distribuzione delle risorse. Se esiste una rilevante disuguaglianza si possono creare quelle distorsioni di cui ho parlato in *Oltre la siepe* (Gallegati, 2014) e che investono la partecipazione alla vita sociale. L'aumento della disuguaglianza nella distribuzione della ricchezza e del reddito all'interno di un Paese mette a rischio la coesione sociale di quest'ultimo e quindi la democrazia nazionale stessa. Se ciò avviene a livello sovranazionale, tra Paesi, non è cosí difficile immaginare che l'aumento della povertà relativa potrebbe condurre a fenomeni migratori massicci, per fuggire dall'insostenibilità economica aggravata e compromessa, se non interverremo, da quella ambientale. Il deterioramento dell'equità distributiva può inoltre guastare in maniera irreparabile il *capitale sociale*, cioè quell'insieme di valori e regole condivise che rende possibile la convivenza civile.

Tutto questo implica dunque un cambio di paradigma: non possiamo piú vivere per lavorare e lavorare per consumare, credendo (o facendo finta di credere) al mito che consumando piú beni saremo piú felici.

La casa brucia, ma intanto con l'unico secchio d'acqua rimasto mi sdoccio.

Nel capitolo II ho ricordato il lavoro di Blanchard (2008) sul buono stato della macroeconomia. Un contributo pubblicato dal National Bureau of Economic Research (*think tank* statunitense per la ricerca economica) elaborato all'alba della Grande Recessione, che sei anni dopo lo stesso autore rettifica: «Fino alla crisi finanziaria globale l'economia *mainstream* aveva una visione tutto sommato sdolcinata delle fluttuazioni economiche. La crisi ha messo in chiaro che questa visione era sbagliata e che vi è la necessità di una profonda rivalutazione» (Blanchard, 2014).

Per capire come sia emerso questo punto di vista, si deve tornare alla cosiddetta «rivoluzione delle aspettative razionali» del 1970. Che in realtà è una controrivoluzione e apre il trentennio del neoliberismo trionfante. L'idea-base è che il comportamento delle persone e delle imprese non dipenda solo dalle condizioni economiche contingenti, ma che sia influenzato anche da ciò che gli altri si aspettano che accadrà in futuro. In questo modo però, le mie decisioni correnti dipendono anche dalle previsioni degli altri, e, allo stesso tempo, anche le aspettative degli altri dipenderanno dalle «mie» aspettative: il risultato è un circolo vizioso. Di fondo però il problema è che pure in questa teoria l'economia è pensata come un sistema lineare, costantemente soggetta a disturbi esterni che non ne compromettono il ritorno all'equilibrio, alla fine del circolo vizioso: una media (seppure variabile) tra le varie aspettative.

L'idea che piccoli disturbi possano produrre grandi effetti non può essere contemplata nel mondo lineare dell'economia assiomatica. Tuttavia, anche se solo pochi anni prima, Robert Barro, uno dei leader del mainstream, auspicava la politica «zero prigionieri» – chi non è fedele al dogma della teoria assiomatica è un fanfarone e andrebbe semplicemente ignorato – Blanchard (2014) deve riconoscere che:

> Passando dalla politica alla ricerca, il messaggio [della Grande Recessione] dovrebbe essere quello di lasciare che un centinaio di fiori sboccino. Ora che siamo piú consapevoli delle non linearità e dei pericoli che comportano, dobbiamo esplorare ulteriormente, teoricamente ed empiricamente, in tutti i tipi di modelli. Questo accade già su larga scala.

E il fatto che dobbiamo modificare i modelli DSGE su cui attualmente si basa l'economia (quelli, lo abbiamo visto, che pretendono di descrivere il sistema economico globale sulla base del comportamento di un agente medio, come se si vivesse isolati da tutto e tutti, senza le interazioni e i fenomeni emergenti di cui si è occupato il capitolo II) è ormai assodato. Ma dobbiamo cambiare paradigma o continuare con la strategia di aggiungere epicicli su epicicli, come facevano gli astronomi tolemaici con le irregolarità astrali?

La parte piú semplice della risposta è che i modelli DSGE dovrebbero essere estesi al sistema finanziario. E questo è stato fatto. Esistono ora vari DSGE che includono le banche. Purché la quantità di moneta resti esogena, stampata dalla Banca centrale, ovvero che la moneta rimanga una merce come le altre, un'unità contabile non legata ai rapporti di debito-credito, alla fiducia insomma. Inoltre si sono arricchiti anche dell'eterogeneità, che però non deve comportare mai interazione diretta (perché, come sappiamo, questo rappresenterebbe un'esternalità ed equivarrebbe ad abbandonare l'equilibrio generale): la popolazione, ad esempio, di lavoratori può essere divisa tra specializzati e non, ma tale proporzione non deve mutare nel tempo.

La crisi ha dunque contribuito a produrre modelli DSGE piú ricchi, e quindi piú realistici. Senza tuttavia che siano stati risolti sia la scarsa aderenza dei dati al modello sia i problemi logici con cui il teorema SMD ha inchiodato la modellistica mainstream alle sue responsabilità rispetto all'inattuabilità di quell'equilibrio tanto professato.

Alla domanda che lo stesso Blanchard si pone, se questi modelli dovrebbero essere in grado anche di descrivere come l'economia si comporta nelle crisi, la sua risposta è tra il disarmante e il geniale: quando le cose vanno bene possiamo ancora utilizzare i DSGE. Ma un'altra classe di modelli economici, volti a misurare il rischio sistemico, può essere usata per dare segnali che siamo troppo vicino alle crisi e per valutare le politiche per ridurre il rischio. Cercare di creare un modello che integri tempi normali e tempi di crisi (e che quindi vada bene in tutte le stagioni) è al di fuori della portata concettuale e tecnica della professione, almeno in questa fase.

Dunque attualmente possiamo ambire solo a un modello che spieghi il sorgere del Sole e a un altro che spieghi il tramonto (anche se, dicendola proprio tutta, sappiamo da Copernico che semmai è la Terra a sorgere e tramontare). Oppure, in altre parole, dobbiamo accontentarci di continuare a usare la mappa della città ideale per visitare tutte le città del mondo. Quando vi smarrite, chiedete a un vigile, magari: per andare dove dobbiamo andare, per dove dobbiamo andare?

Quel che gli assiomatici sembrano non percepire è che l'economia è un sistema complesso, dove la non linearità è un prodotto dell'interazione diretta tra agenti che esiste sempre, sia vicino sia lontano dalle crisi. I terremoti sono sempre imputabili al movimento delle placche, siano essi di magnitudo 0 della scala Richter (ottomila al giorno) o di magnitudo 9 (uno ogni vent'anni).

Riassumendo, la teoria dell'equilibrio economico generale giunge all'incoerenza nel momento dell'incontro tra le proprie finalità e i risultati analitici ottenuti: non è possibile dedurre in modo rigoroso e quindi ottenere per certo quei risultati (stabilità globale e unicità dell'equilibrio) che pure sono un elemento centrale del nucleo paradigmatico della teoria. D'altra parte, anche l'evoluzione di quest'ultima nei modelli DSGE è incapace di spiegare il mondo reale e in piú anche i comportamenti derivabili dai suoi assiomi non sono falsificabili. Tuttavia, anche i DGSE rimangono inattaccabili dagli infedeli e insensibili alle smentite del mondo reale[2].

E se la teoria degli ABM invece fosse il nuovo paradigma?

A mo' di conclusione.

Come si è visto nel capitolo II, i «modelli ad agenti» permettono di superare alcune delle molte contraddizioni del modello assiomatico, vuoi conciliando realtà e teoria, vuoi rendendo dinamica la costruzione: l'innovazione, ad esempio, diventa il motore dell'economia e non una pietra d'inciampo[3]. Non voglio sostenere che

[2] Uno dei dogmi neoliberisti bolla come *peccato* tutto ciò che è *spesa pubblica*, poiché interferisce con il mercato. E pure di fronte all'evidente fallimento dei mercati messo in luce dalla Grande Recessione, una maggiore spesa statale viene comunque respinta con la scusa della corruzione. Come non lavarsi piú perché si rischia di scivolare in bagno.

[3] Paradossalmente, invece, la teoria assiomatica, anziché riconoscere i numerosissimi casi di fallimento del mercato, prescrive sempre un suo ulteriore ampliamento come risposta per far ripartire l'economia. Sebbene tale teoria ammetta che nella realtà il mercato non riesce a essere efficiente, ciò non la porta a rivedere le prescrizioni normative che attribuiscono al mercato stesso la funzione di strumento per raggiungere quell'«ottimalità» di cui abbiamo parlato. Perché per la teoria *mainstream*, se quella di Pareto è un'efficienza che non si ottiene nella realtà è solo perché i mercati non sono abbastanza diffusi. Un eccellente esempio di confusione tra sogni, realtà e desideri di tanti piccoli Napoleoni immaginari convinti di poter ricombattere la battaglia di Austerlitz. Meglio non cadere nella trappola di discutere con loro di strategia militare, perché sarebbe come riconoscere che siamo davanti davvero a Bonaparte, come dice Robert Solow.

questo tipo di modelli costituirà il punto di partenza dell'economia teorica che verrà. Ma quasi.

In questo libro abbiamo visto che l'economia è in crisi da almeno due differenti punti di vista.

Il primo è quello della crisi economica che va avanti dal 2007 con cadute del Pil, bancarotte, fenomeni deflattivi e livelli di disoccupazione che non si vedevano dalla Grande Depressione. E che non sembra che la stessa sia in grado di regredire se non con misure straordinarie.

Il secondo aspetto è che il modello macroeconomico dominante non è stato in grado di prevedere la crisi poiché non contempla per assunto alcuna possibilità di una crisi lunga e profonda, come quella che stiamo vivendo. Per questo la crisi ha coinvolto anche il paradigma, cosí come fece a suo tempo la Depressione del 1929. Da quella crisi si uscí con il New Deal – un robusto piano di riforme economiche e sociali firmato Franklin Delano Roosevelt – e, allo stesso tempo, anche con la rivoluzione keynesiana. Ce la faremo ora a uscire da questa crisi con la teoria degli ABM e un nuovo paradigma economico che faccia dell'*acrescita* la sua sintesi e il suo obiettivo?

Per comprendere il significato dell'*acrescita* basta ipotizzare che esista di fronte a noi una serie infinita di bisogni e che questi vengano soddisfatti dal consumo, e quindi dalla produzione, di beni e servizi: aumentare la produzione vorrebbe dire soddisfare via via un numero maggiore di bisogni. In questo modo però, come abbiamo visto, si instaura un circolo vizioso: aumentano i bisogni indotti, per soddisfarli produciamo di piú, ma poiché la tecnologia aumenta, l'occupazione diminuisce (e con essa la domanda, visto che le macchine non consumano). Se nuovi bisogni non vengono inventati non ci sarà nuova domanda né nuovi lavori. Le risorse non riproducibili sono però limitate e ciò costituisce una barriera alla crescita infinita che ci obbliga a immaginare una produzione senza risorse esauribili. Dunque, mentre continuiamo a lavorare per consumare, sarebbe necessario immaginarci un nuovo paradigma, un Rinascimento che consenta alla nostra vita di passare dalla ricerca di maggiore Pil a quella di maggiore benessere. E da un'economia di produzione a una visione sistemica.

A-crescere vuol dire proprio questo: il benessere non dipende (soddisfatti i bisogni primari) dalla quantità di merci a disposizione, ma dalla possibilità di godersi la vita senza compromettere una uguale opportunità alle generazioni future. L'umanità non può essere valutata con riferimenti a una sola dimensione, cioè quella della produzione. Senza scomodare i vangeli di Matteo (4,4) e Luca (4,4), non di solo pane vive l'uomo: ogni Paese dovrebbe perseguire la sua propria via, quella che la sua peculiare cultura gli indica, rifiutando il precetto di un unico percorso da seguire. Cosí accanto al Pil dovremmo valutare il nostro benessere con una serie di altri indicatori che, magari grossolanamente, ci siano utili per capire dove stiamo andando, e come.

Forse non è vero che il futuro entra in noi, per trasformarsi già al nostro interno, molto prima che esso accada, ma se continuiamo con gli stessi trend demografici e produttivi, nel 2030 avremo bisogno delle risorse di due Terre. Perciò o ci prepariamo a colonizzare l'Universo o ci attiviamo subito per ridistribuire le risorse e pensare alla sostenibilità.

Abbiamo bisogno di un paradigma che sappia coniugare aspetti economici, sociali e ambientali. Un paradigma *laico*, cioè scevro da quella confessionalità che è caratteristica dell'attuale *mainstream* economico. Dall'avere la possibilità di scegliere il futuro dipenderà il nostro benessere.

Bibliografia

ARDENI, PIER GIORGIO (2014), *Sviluppo Economico e Crescita Economica*, Università di Bologna, http://www2.dse.unibo.it/ardeni/ES_2009-10/Sviluppo-e-crescita.html.

BANCA D'ITALIA (2012), *I bilanci delle famiglie italiane nell'anno 2010*, «Supplementi al Bollettino Statistico», 6, Banca d'Italia, Roma.

BERGMANN, BARBARA R. (2007), *Needed. A New Empiricism*, in «The Economists' Voice», IV, 2, pp. 1-4.

BLANCHARD, OLIVIER J. (2008), *The State of Macro*, NBER - National Bureau of Economic Research, Working Paper n. 14259, http://www.nber.org/papers/w14259.pdf.

ID. (2014), *Where Danger Lurks*, in «Finance & Development», LI, 3, pp. 28-31.

BLANCHARD, OLIVIER J., e LEIGH, DANIEL (2013), *Growth Forecast Errors and Fiscal Multipliers*, NBER - National Bureau of Economic Research, Working Paper n. 18779, http://www.nber.org/papers/w18779.

BLAUG, MARK (1998), *Disturbing Currents in Modern Economics*, in «Challenge», XLI, 3, pp. 11-34,

CATULLO, ERMANNO, PALESTRINI, ANTONIO, e GALLEGATI, MAURO (2015), *Towards a Credit Network Based Early Warning Indicator for Crises*, in «Journal of Economic Dynamics and Control», L, pp. 78-97.

CICCONE, ROBERTO (2012), *Sulla natura e sugli effetti del debito pubblico*, in S. CESARATTO e M. PIVETTI (a cura di), *Oltre l'austerità*, Micromega, Roma, http://download.kataweb.it/micromega/austerita_1_3.pdf.

CIOCCA, PIERLUIGI, e MUSU, IGNAZIO (a cura di) (2015), *Il sistema imperfetto. Difetti del mercato, risposte dello Stato*, Luiss University Press, Roma.

CIPOLLA, CARLO M. (1986), *Contro un nemico invisibile*, il Mulino, Bologna.

CLEMENTI, FABIO, e GALLEGATI, MAURO (2016), *The Distribution of Income and Wealth*, Springer, Milan.

COMIN, GIANLUCA, e SPERONI, DONATO (2012), *2030. La tempesta perfetta. Come sopravvivere alla grande crisi*, Rizzoli, Milano.

COYLE, DIANE (2011), *The Economics of Enough. How to Run the Economy as If the Future Matters*, Princeton University Press, Princeton (N.J.) (trad. it. *Economia dell'abbastanza. Gestire l'economia come se del futuro ci importasse qualcosa*, Edizione Ambiente, Milano 2012).

DALY, HERMAN E., e FARLEY, JOSHUA (2010), *Ecological Economics. Principles and Applications*, Island Press, Washington, D.C. (nuova ed.).

DEBREU, GERARD (1974), *Excess Demand Functions*, in «Journal of Mathematical Economics», I. pp. 15-21.

DI TELLA, RAFAEL, MACCULLOCH, ROBERT J., e OSWALD, ANDREW J. (2003), *The Macroeconomics of Happiness*, in «Review of Economics and Statistics», LXXXV, 4, pp. 809-27.

EASTERLIN, RICHARD A. (1974), *Does Economic Growth Improve the Human Lot?*, in P. A. DAVID e M. R. REDER (a cura di), *Nations and Households in Economic Growth. Essays in Honor of Moses Abramovitz*, Academic Press, New York.

EHRLICH, PAUL R. (1968), *The Population Bomb*, Sierra Club - Ballantine Books, New York (trad. it. *Un pianeta non basta. Esplosione demografica, il problema ambientale numero 1*, Muzzio, Padova 1991).

FARMER, DOYNE, e FOLEY, DUNCAN (2009), *The Economy Needs Agent-Based-Modeling*, in «Nature», CCCCLX, 7256, pp. 685-86.

FELLER, WILLIAM (1957), *An Introduction to Probability Theory*, Wiley, New York - London 1968 (3ª ed.).

FITOUSSI, JEAN-PAUL (1997), *Il dibattito proibito. Moneta, Europa, povertà*, il Mulino, Bologna 1997.

FONDAZIONE EMANUELA ZANCAN (2012), *Vincere la povertà con un welfare generativo*, il Mulino, Bologna.

FONDAZIONE SYMBOLA - UNIONCAMERE, *Io sono Cultura. Rapporto 2015*, http://www.symbola.net/html/article/iosonocultura_ricerca2015.

FRIEDMAN, MILTON, e SCHWARTZ, ANNA J. (1963), *A Monetary History of the United States, 1867-1960*, Princeton University Press, Princeton (N.J.) (trad. it. *Il dollaro. Storia monetaria degli Usa, 1867-1960*, Utet, Torino 1979).

FUÀ, GIORGIO (1980), *Problemi dello sviluppo tardivo in Europa*, il Mulino, Bologna.

FUÀ, GIORGIO, e ROSINI, EMILIO (1985), *Troppe tasse sui redditi*, Laterza, Roma-Bari.

FUMAGALLI, ANDREA (2011), *Relazione sulla sostenibilità, costo e finanziamento di un reddito di base incondizionato in Italia*, http://www.bin-italia.org/relazione-sulla-sostenibilita-costo-e-finanziamento-di-un-reddito-di-base-incondizionato-in-italia/.

GALLEGATI, MAURO (2014), *Oltre la siepe. L'economia che verrà*, Chiarelettere, Milano.

GALLEGATI, MAURO, LANDINI, SIMONE, e STIGLITZ, JOSEPH (inviato per la pubblicazione), *The Inequality Multiplier*, in «Review of Income and Wealth».

GALLEGATI, MAURO, e VALENTINI, ENZO (2015), *In Unione Europea la crisi è finita?*, in «il manifesto», 24 marzo 2015.

GEORGESCU-ROEGEN, NICHOLAS (2003), *Bioeconomia. Verso un'altra economia ecologicamente e socialmente sostenibile*, a cura di Mauro Bonaiuti, Bollati Boringhieri, Torino.

GIACOBELLO, MARIA LAURA (2012), *L'economia della Complessità di Nicholas Georgescu-Roegen*, Le Lettere, Firenze.

GOULD, JOHN DENNIS (1972), *Economic Growth in History. Survey and Analysis*, Methuen London (trad. it. *Storia e Sviluppo Economico*, Laterza, Bari 1975).

HALL, ROBERT (1976), *Notes on the Current State of Empirical Macroeconomics*, Stanford University, Stanford (Ca.), http://web.stanford.edu/~rehall/Notes%20Current%20State%20Empirical%201976.pdf.

HAMILTON, CLIVE, e DENNISS, RICHARD (2005), *Affluenza. When Too Much is Never Enough*, Alenn & Unwin, Sydney.

HICKS, JOHN (1983), *Economics. A Discipline Not a Science*, in ID., *Classics and Moderns. Collected Essays in Economic Theory*, vol. III, Basil Blackwell, Oxford, pp. 364-75.

HILDEBRAND, WERNER (1994), *Market Demand. Theory and Empirical Evidence*, Princeton University Press, Princeton.

INGRAO, BRUNA, e ISRAEL, GIORGIO (1993), *Equilibrio economico*, in *Enciclopedia delle scienze sociali*, vol. III, Istituto della Enciclopedia Italiana, Roma, *ad vocem*.

JACKSON, TIM (2009), *Prosperity Without Growth. Economics for a Finite Planet*, Earthscan, London-Sterling (Va.) (trad. it. *Prosperità senza crescita*, Edizioni Ambiente, Milano 2011).

KALDOR, NICHOLAS (1972), *The Irrelevance of Equilibrium Analysis*, in «The Economic Journal», LXXXII, 328, pp. 1237-55.

KIRMAN, ALAN (1989), *The Intrinsic Limit of Modern Economic Theory. The Empereor Has No Clothes* in «The Economic Journal», XCIX, 395, pp. 126-39.

KLEIN, NAOMI (2014), *This Changes Everything*, Penguin, London (trad. it. *Una rivoluzione ci salverà. Perché il capitalismo non è sostenibile*, Rizzoli, Milano 2015).

KUZNETS, SIMON (1934), *National Income, 1929-1932*, in «National Bureau of Economic Research Bullettin», 49, pp. 1-12, http://www.nber.org/chapters/c2258.pdf.

LAKATOS, IMRE (1970), *Falsification and Methodology of Scientific Research Programmes*, in I. LAKATOS e A. MUSGRAVE (a cura di), *Criticism and the Growth of Knowledge*, Cambridge University Press, Cambridge, pp. 170-96 (trad. it. *La falsificazione e la metodologia dei programmi di ricerca*, in I. LAKATOS e A. MUSGRAVE, a cura di, *Critica e crescita della conoscenza*, Feltrinelli, Milano 1976, pp. 169-77).

LÁSZLÓ, ERVIN (2001), *Macroshift. Navigating the Transformation to a Sustainable World*, Berrett-Koehler, San Francisco (Ca.).

LIVADIOTTI, STEFANO (2014), *Ladri. Gli evasori e i politici che li proteggono*, Bompiani, Milano.

LUCAS, ROBERT E. JR (2003), *Macroeconomic Priorities*, in «American Economic Review», XCIII, 1, pp. 1-14.

MANKIW, N. GREGORY (2006), *The Macroeconomist as Scientist and Engineer*, in «Journal of Economic Perspective», XX, 4, pp. 29-46.

MANTEL, ROLF R. (1974), *On the Characterization of Aggregate Excess Demand*, in «Journal of Economic Theory», 7, pp. 348-53.

MARSHALL, ALFRED (1890), *Principles of Economics*, Macmillan, London (trad. it. *Principi di economia*, Utet, Torino 1972).

MAZZUCATO, MARIANA (2013), *The Entrepreneurial State. Debunking Public vs. Private Sector Myths*, Anthem Press, London (trad. it. *Lo Stato innovatore. Sfatare il mito del pubblico contro il privato*, Laterza, Roma-Bari 2014).

MCNEILL, JOHN (2000), *Something New under the Sun. An Environmental History of the 20th Century World*, Norton, New York (trad. it. *Qualcosa di nuovo sotto il sole. Storia dell'ambiente del XX secolo*, Einaudi, Torino 2002).

MEADOWS, DONELLA H., MEADOWS, DENNIS L., RANDERS, JØRGEN, e BEHRENS III, WILLIAM W. (1972), *The Limits to Growth*, Universe Books, New York (trad. it. *I limiti dello sviluppo. Rapporto del System Dynamics Group, Massachusetts institute of technology (MIT) per il progetto del Club di Roma sui dilemmi dell'umanità*, Mondadori, Milano 1972).

PALESTRINI, ANTONIO, e GALLEGATI, MAURO (2015), *Unbiased Adaptive Expectation Schemes*, in «Economics Bulletin», XXXV, 2, pp. 1185-90.

PIKETTY, THOMAS (2013), *Le capital au XXIe siècle*, Seuil, Paris (trad. it. *Il capitale nel XXI secolo*, Bompiani, Milano 2013).

ID. (2015), *Come riformare l'Europa. Thomas Piketty intervistato da Pablo Iglesias*, in «eunews», 26 febbraio 2015, http://www.eunews.it/2015/02/26/come-riformare-leuropa-thomas-piketty-intervistato-da-pablo-iglesias/30981.

POINSOT, LOUIS (1803), *Éléments de statique*, Calixte-Volland, Paris.

POPPER, KARL (1935), *Logik der Forschung*, Springer, Wien (trad. it. *Logica della scoperta scientifica. Il carattere autocorrettivo della scienza*, Einaudi, Torino 1995, nuova ed.).

PRIGOGINE, ILYA, e STENGERS, ISABELLE (1979), *La nouvelle alliance. Métamorphose de la science*, Gallimard, Paris (trad. it. *La nuova alleanza. Metamorfosi della scienza*, Einaudi, Torino 1981).

REALFONZO, RICCARDO, e VISCUONE, ANGELANTONIO (2015), *Gli effetti di un'uscita dall'euro su crescita, occupazione, salari*, http://www.economiaepolitica.it/primo-piano/gli-effetti-di-unuscita-dalleuro-su-crescita-occupazione-e-salari/.

REINHART, CARMEN M., e ROGOFF, KENNETH S. (2010), *Growth in a Time of Debt*, NBER - National Bureau of Economic Research, Working Paper n. 15639, http://www.nber.org/papers/w15639.

RONCAGLIA, ALESSANDRO (2005), *Il mito della mano invisibile*, Laterza, Roma-Bari.

ROSSER, JOHN BARKLEY JR (2009), *Frontiere della ricerca economica*, in *XXI secolo*, Istituto della Enciclopedia Italiana, Roma, http://www.treccani.it/enciclopedia/frontiere-della-ricerca-economica_(XXI_Secolo)/.

ROSSI, PAOLO (1987), *Uomo e natura*, in «Nuova Civiltà delle Macchine», V, 3/4, pp. 87-92.

RUFFOLO, GIORGIO (2009), *Il capitalismo ha i secoli contati*, Einaudi, Torino.

SMITH, ADAM (1759), *The Theory of Moral Sentiments*, A. Millar - A. Kincaid and J. Bell, London-Edinburgh (trad. it. *Teoria dei sentimenti morali*, Rizzoli, Milano 2001).

SONNENSCHEIN, HUGO (1972), *Market Excess Demand Functions*, in «Econometrica», XL, 3, pp. 549-63.

SPETH, JAMES G. (2008), *The Bridge at the Edge of the World. Capitalism, the Environment, and Crossing from Crisis to Sustainability*, Yale University Press, New Haven (Conn.).

STIGLITZ, JOSEPH (2012), *The Price of Inequality. How Today's Divided Society Endangers Our Future*, Norton, New York (trad. it. *Il prezzo della disuguaglianza. Come la società divisa di oggi minaccia il nostro futuro*, Einaudi, Torino 2013).

STIGLITZ, JOSEPH E., SEN, AMARTYA, e FITOUSSI, JEAN-PAUL (2010), *Mismeasuring Our Lives. Why GDP doesn't Add Up. The Report by the Commission on the Measurement of Economic Performance and Social Progress*, New Press, New York - London (trad. it. *La misura sbagliata delle nostre vite. Perché il Pil non basta piú per valutare benessere e progresso sociale. Rapporto della Commissione per la misurazione della performance economica e del progresso sociale*, Etas, Milano 2010).

SUMMERS, LAWRENCE (1991), *The Scientific Illusion In Empirical Macroeconomics*, in «The Scandinavian Journal of Economics», XCIII, 2, pp. 129-48.

SYLOS LABINI, FRANCESCO (2015), *Scienza e crisi economica*, Laterza, Roma-Bari.

TESFATSION, LEIGH, e JUDD, KENNETH L. (2006), *Handbook of Computational Economics*, Elsevier, Amsterdam.

WIJKMAN, ANDERS, e ROCKSTRÖM, JOHAN (2014), *Natura in bancarotta. Perché rispettare i confini del pianeta. Rapporto al Club di Roma*, a cura di G. Bologna, Edizioni Ambiente, Milano.

Workers Act (2015), in «Sbilanciamoci.info», http://sbilanciamoci.info/wp-content/uploads/2015/08/Workers_act_2015_web.pdf.

Stampato per conto della Casa editrice Einaudi
presso ELCOGRAF S.p.A. - Stabilimento di Cles (Tn)
nel mese di marzo 2016

C.L. 22709

Ristampa							Anno			
0	1	2	3	4	5	6	2016	2017	2018	2019